Pomba-Gira
e seus assentamentos

Evandro Mendonça
inspirado pela
Senhora Pomba-Gira Maria Padilha

Pomba-Gira
e seus assentamentos

© 2014, Editora Anúbis

Revisão:
Luciane Gomide

Capa e diagramação:
Edinei Gonçalves

Dados Internacionais de Catalogação na Publicação (CIP)
(Câmara Brasileira do Livro, SP, Brasil)

Padilha, Maria, Pomba-Gira (Espírito).
  Pomba-Gira e seus assentamentos / inspirado pela Pomba-Gira Maria Padilha; [psicografado por] Evandro Mendonça. – São Paulo, SP: Anúbis, 2012.

  ISBN 978-85-86453-24-3

  1. Pomba-Gira 2. Mistério 3. Umbanda (Culto)
  I. Mendonça. Evandro. II. Título.

10-00846   CDD-299.67

Índices para catálogo sistemático:
1. Pomba-Gira : Teologia de Umbanda :
   Religiões de origem africana   299.67

São Paulo/SP – República Federativa do Brasil
Printed in Brazil – Impresso no Brasil

Este livro segue as novas regras do Acordo Ortográfico da Língua Portuguesa.

Os direitos de reprodução desta obra pertencem à Editora Anúbis. Portanto, não é permitida a reprodução total ou parcial desta obra, de qualquer forma ou por qualquer meio eletrônico, mecânico, inclusive por meio de processos xerográficos, incluindo ainda o uso da internet, sem a permissão expressa por escrito da Editora (Lei nº 9.610, de 19.2.98).

Distribuição exclusiva
Aquaroli Books
Rua Curupá, 801 – Vila Formosa – São Paulo/SP
CEP 03355-010 – Tel.: (11) 2673-3599
atendimento@aquarolibooks.com.br

Sumário

Pai Nosso de Umbanda 7
Prece de Cáritas 9
Dedicatória 11
Prolegômenos 13
Prece à sua Pomba-Gira 15
Palavras do Autor 19
Introdução 25
Primeira Parte: Pomba-Gira e as suas características 31
Segunda Parte: Assentamento com Ervas 113
Terceira Parte: Assentamento com Aves 129
Quarta Parte: Assentamento com Aves consideradas meio quatro pés 143
Quinta Parte: Assentamento com Animais de quatro Pés .. 149
Mensagem de Pomba Gira Maria Padilha 169
Recomendações finais 171

São Miguel de Alma

Chefe de toda a linha de esquerda

Pai Nosso de Umbanda

Pai-nosso, que estais no céu, nos mares, nas matas e em todos os mundos habitados.

Santificado seja teu nome, pelos teus filhos, pela natureza, pelas águas, pela luz e pelo ar que respiramos.

Que o teu reino do bem, do amor e da fraternidade nos daí a todos, a tudo que criastes, em torno da sagrada cruz, aos pés do Divino Salvador e Redentor.

Que a tua vontade nos conduza sempre para o culto do amor e da caridade.

Dá-nos hoje e sempre a vontade firme para sermos virtuosos e úteis aos nossos semelhantes.

Dá-nos hoje o pão do corpo, o fruto das matas, a água das fontes para o nosso sustento material e espiritual.

Perdoa se merecemos as nossas faltas.

E dá sublime sentimento do perdão para os que nos ofendem.

Não nos deixe sucumbir ante a luta, dissabores, ingratidões, tentações dos maus espíritos e ilusões pecaminosas da matéria.

Envia Pai, um raio de tua divina complacência, luz e misericórdia, para os teus filhos pecadores, que aqui labutam pelo bem da humanidade, nossa irmã.

Prece de Cáritas
Para ser rezada ao iniciar os trabalhos

Deus, nosso pai, que tendes poder e bondade. Dai força àquele que passa pela provação, luz àquele que procura verdade, põe no coração do homem a compaixão e a caridade.

Deus daí ao viajor a estrela guia e ao aflito a consolação e ao doente o repouso.

Pai, daí ao culpado o arrependimento, ao espírito a verdade, à criança o guia e ao órfão o pai.

Que vossa bondade se estenda sobre tudo que criastes. Piedade, meu Deus, àquele que não vos conhece e esperança ao que sofre.

Que a vossa bondade permita aos espíritos consoladores derramarem por toda a parte a paz, a esperança e a fé.

Deus, um raio, uma faísca do vosso amor pode abrasar a terra. Deixai-vos beber na fonte dessa bondade fecunda e infinita e todas as lágrimas secarão, todas as dores se acalmarão. Um só coração, um só pensamento subirá até vós como um grito de reconhecimento e amor.

Como Moisés sobre a montanha, nós esperamos com os braços abertos para vós, ó poder! Ó bondade! Ó beleza! Ó perfeição! E queremos de alguma sorte forçar vossa misericórdia.

Dai-nos a caridade pura, a fé, a razão e a simplicidade que fará de nossas almas o espelho refletor de vossa imagem. Amém!

Dedicatória

Dedico especialmente à Pomba-Gira Maria Padilha, pelo companheirismo, dedicação, doutrina passada a mim e aos meus filhos de santo, sabedoria, inteligência, amor, por sua evolução e por ter me inspirado a fazer esta belíssima obra sobre Assentamentos de Pombas-Gira e repassá-la ao leitor interessado.

Dedico também à minha Entidade Exu Marabô, companheiro de assentamento de Pomba-Gira que, junto, nunca deixou que meus caminhos fossem totalmente fechados pelas forças negativas lançadas sobre mim aqui na terra e no astral. Agradeço às duas Entidades por tudo que têm me dado de bom até os dias de hoje.

Laroiê Pomba-Gira Maria Padilha

Laroiê Exu Marabô

Prolegômenos

Fenômenos alheios às leis da ciência humana se dão por toda parte. Revelam a ação de uma vontade livre e inteligente na causa que os produz.

A razão diz que um efeito inteligente tem como causa uma força inteligente e os fatos provam que tal força é capaz de entrar em comunicação com os homens por meio de sinais materiais.

Interrogada acerca da sua natureza, a força declarou pertencer ao mundo dos seres espirituais que se despojaram do invólucro corporal do homem. Assim é que foi revelada a Doutrina dos Espíritos.

As comunicações entre o mundo espírita e o mundo corpóreo estão na ordem natural das coisas e não constituem fato sobrenatural, tanto que de tais comunicações se acham vestígios entre todos os povos e em todas as épocas. Hoje se generalizaram e tornaram patentes a todos.

Os espíritos anunciam que chegaram os tempos marcados pela Providência para uma manifestação universal e que, sendo eles os ministros de Deus e os agentes de sua vontade, têm por missão instruir e esclarecer todos nós abrindo uma nova era para a regeneração da Humanidade.

Prece à sua Pomba-Gira

Eu creio em ti, senhora Pomba-Gira (*nome da Pomba-Gira*)!

Eu creio em ti, senhora, porque te sentindo sempre em torno de minha humilde pessoa, eu sinto que tu estás presente nas regiões mais estranhas de meu ser.

E te sentindo nas profundezas de minha alma, tu vives presente em minha vida cotidiana: no meu olhar, no meu ouvir, nos meus gestos e nas minhas palavras.

Eu creio em ti, senhora Pomba-Gira (*nome da Pomba-Gira*)!

Eu creio em ti, senhora, porque me dando a dor, tu dás também forças para suportá-la e, proporcionando-me o sofrimento, concedes-me por tua bondade e justiça a oportunidade de redimir as minhas faltas de vidas pretéritas. Redimindo-me, posso seguir-te e, um dia, compreender-te e viver a tua grandeza.

Eu creio em ti, senhora Pomba-Gira (*nome da Pomba-Gira*)!

Eu creio em ti, senhora e te conduzo comigo nos meus êxitos e nos meus fracassos, nas minhas dores e nas minhas alegrias, no meu riso e nas minhas lágrimas. Somente tu, senhora Pomba-Gira (*nome da Pomba Gira*) me faz compreender a grandeza e mesquinhez das criaturas humanas. Compreendendo-as, eu as amo e a ti, senhora!

Eu creio em ti, senhora Pomba-Gira (*nome da Pomba-Gira*)!

Porque atendestes minhas súplicas Mestra e Amiga!

Quantas vezes me sufocastes o pranto!

Quantas vezes Pomba-Gira (*nome da Pomba-Gira*)!

Deixando-me em troca a esperança, a fé!

Eu creio em ti, senhora Pomba-Gira (*nome da Pomba-Gira*)!

Eu creio em ti, senhora, porque tu és como o ar que respiro e com ele a vida.

Eu creio em ti, senhora Pomba-Gira (*nome da Pomba-Gira*)!

Porque sendo invisível, eu te sinto e estando em silêncio, eu te ouço. Porque és como a brisa que embala minha alma, que conduziras um dia aos pés do Supremo. Assim espero, com meus erros e acertos. Conduzidos por ti sei que chegarei um dia ao sublime altar de eternidade e lá saberei receber, com dignidade, o prêmio a mim reservado.

Eu creio em ti, senhora Pomba-Gira (*nome da Pomba-Gira*)!

Eu creio em ti, senhora, porque te sinto na natureza: na terra, no ar, no infinito e, até na sutil flor sinto a tua presença espargindo o aroma de seu próprio ser.

Eu creio em ti, senhora Pomba-Gira (*nome da Pomba-Gira*)!

Eu creio em ti, senhora, porque sinto teu poder na fala simples do humilde, do injustiçado que crê em ti e também no preso, no enfermo, no desesperado que confia em teu poder e na tua justiça, poder que iluminará como os raios de sol ao leito do enfermo e o cubículo sombrio do presidiário.

Eu creio em ti, senhora Pomba-Gira (*nome da Pomba-Gira*)!

Eu creio em ti porque me socorreste no momento de aflição e desespero. Que me ergueste quando, sob o peso da intriga e da calúnia todos me desprezavam. Ó minha senhora e amiga, tu me erguestes e apontastes o caminho a seguir-te. Eis eu aqui!

Eu creio em ti, minha amiga e mestra Pomba-Gira (*nome da Pomba-Gira*)!

Porque te reencontrei e reencontrando-te encontrei a mim mesmo.

Eu creio em ti, minha senhora!

Eu creio em ti, pois jamais me abandonastes. Por isso, esforço-me por seguir-te e a ser mais um humilde discípulo de tuas sábias lições.

Eu creio em ti, senhora!

Pois, longa e espinhosa tem sido a estrada que me indicastes, mas enorme é a fé que em ti deposito, e bem maior a compensação de segui-la, tê-la como uma mestra, uma amiga.

Minha senhora, se um dia a aspereza da estrada que seguis para me ajudar impuser um fim a meu frágil e insignificante ser, impedindo-me de chegar ainda que exausto aos teus pés, eu te suplico: permiti que ao menos, por compaixão, que meus últimos passos sejam dados em tua direção e que eu caia humildemente à tua sombra!

Adaptado para sua Pomba-Gira individual.

Ponto de Oxalá

Oxalá meu pai,
tem pena de nós, tem dó
se a volta do mundo é grande;
seus poderes são bem maiores.

Ponto do Maioral

Bateu asa e canta o galo
na hora em que Jesus nasceu;
quem manda nessas alturas, meu senhor,
quem pode mais do que eu.

Palavras do Autor

Gostaria de começar essas palavras pedindo a todos os Pais de Santos, Mãe de Santos, Babalorixás, Yalorixás Caciques e Chefes de Terreiro que ensinem, transmitam e passem fundamentos não só aos seus filhos de santo, mas também às pessoas leigas, médiuns e iniciantes na religião de Umbanda e sua linha de esquerda, para que possam assimilar tudo sobre energias e práticas da natureza usadas no ritual e assim tornando-se adeptos da mesma. Só assim faremos com que a religião de Umbanda e sua linha de esquerda cresça cada vez mais. Juntos, poderemos derrubar o preconceito sobre a nossa religião. Vamos ensinar e passar, transmitir e divulgar, orientar as pessoas sobre a religião e tudo o que há de bom nela: Umbanda, Linha de esquerda.

Na nação dos Orixás eu fui aprontado por um Babalorixá (Miguel de Oiá) ao qual eu tenho muito respeito. Recebi dele os meus axés e os fundamentos da religião Africana. Entretanto, na Umbanda e sua linha de esquerda eu fui feito por mim mesmo e por minhas entidades. Apesar do termo "fui feito" na Umbanda e sua linha de esquerda ou "quem te fez" na Umbanda ou Linha de esquerda, essas palavras não existem, porque Exu, Caboclos, Preto-Velhos, Erês, Ciganos etc., não se faz, são espíritos de pessoas que já viveram. Portanto não se faz nada. Apenas se assenta com alguns rituais que fazem a ligação entre as pessoas e o espírito ancestral.

O termo correto é "doutrina" (Quem te doutrinou na Umbanda e sua linha de esquerda). Médiuns todos nós somos. Só precisamos doutrinar a nossa mediunidade. Portanto, se você é uma pessoa boa de coração, honesta, trabalhadora, educada e de bons pensamentos para si e para com os outros, você está apta a fazer, ter ou receber de alguém os seus assentamentos (Ponto de Força).

Qualquer pessoa, leigo, médiuns ou iniciantes podem fazer o seu assentamento, assim como eu fiz o meu junto às minhas entidades. É claro que a pessoa deve ter muita responsabilidade. Tanto ela quanto a entidade. Deve usá-lo somente para bons fins, caso contrário não surgirá efeito e a pessoa fica sujeita a uma desvitalização e negativação total em sua vida.

E se você incorpora a sua entidade, arrume todo o material necessário e deixe-a, incorporada em você, fazer o seu assentamento.

Assentamento (Ponto de Força) de Pomba-Gira significa usufruir de energias positivas favoráveis à pessoa que traz força, defesa etc. O dono (a) de casa, comerciante, viajante, pequeno ou grande empresário ou trabalhador comum, pode ter o seu assentamento (ponto de força), casal de Exu e Pomba-Gira que mais for adequado. As entidades assentadas se transformam num ponto de força. Basta cuidar com o mínimo (eventualmente acenda uma vela, um charuto, sirva um copo de cachaça, uma taça de champanhe, um cigarro etc.). Trate-a como gostaria de ser tratado. Elas se encarregarão de cuidar e dar direção à sua vida, para melhor, de te defender dos inimigos, olho, inveja, traição etc. Elas abrirão os seus caminhos para o dinheiro, negócio, saúde, felicidade, prosperidade, amor, sorte, tranquilidade, paz de espírito etc. Trará a você pessoas influentes para comprar, vender, trocar, negociar, pagar, assinar contratos fazer parcerias e negócios, enfim, facilitará a sua vida.

Nas páginas seguintes explicarei e ensinarei "segredos de Religião", que teoricamente não podem ser ensinados. Mas se Deus colocou essas energias (Forças, Entidades) no mundo, na natureza, não pode ser segredo, caso contrário, Deus não as colocaria à sua disposição.

A obra foi escrita através da inspiração e impulso que tive da Senhora Pomba Gira Maria Padilha que, com sua sabedoria, dedicou a você esses ensinamentos básicos para te ajudar e às pessoas que precisam ou que se sentem atraídas pela Religião de Umbanda e sua linha de esquerda.

E, como a Senhora Pomba Gira Maria Padilha diz:

> *"[...] Sou eu, sou eu, e não me troco por ninguém. Sou eu, sou eu, e não me troco por ninguém. [...]"*

"O Sol nasceu para todos." E, quanto mais ensino, mais inspirado sou pelas verdadeiras entidades. E aquele que concorda comigo, tem o meu abraço fraterno como amigo e irmão. Aquele que não concorda e critica, eu peço que me prove o contrário. Criticar é fácil. Difícil é mostrar o porquê da crítica.

Encerro aqui afirmando que tenho conhecimento de que a obra é polêmica, complexa. Sei que receberei demandas de todos os lados, porém eu digo: sou de religião, sou crítico até comigo mesmo e sempre serei assim. E, se fui inspirado pela Senhora Pomba Gira Maria Padilha a fazer esta obra, acredito e tenho plena confiança nela, de que me defenderá de tudo e todos. Sei que não faremos milagres. Mas ajudaremos pessoas e espíritos perdidos dentro da religião, à procura da evolução.

Aproveito para comentar do Axé de Facas (Obé), liberação para cortar. Outro assunto polêmico dentro do ritual de Umbanda e sua linha de esquerda, aonde se diz que a faca tem que ser dada pelo Pai de Santo, Mãe de Santo, Babalorixá, Yalorixá, Caciques e Chefes de Terreiros.

Eu o ignoro totalmente:

1. Sou a prova viva do meu assentamento (ponto de força). Eu e minhas entidades.

2. Estamos falando de espíritos (Entidades) conscientes que viveram e hoje incorporam aqui na Terra.

3. Não estamos falando de Nação Africana (Orixás).

4. Alguém deve ter começado isso tudo. Seja uma matéria ou espírito. Esse usou a faca (Obé) pela primeira vez.

5. Existe a Lei do Livre Arbítrio tanto para a matéria quanto para o Espírito. Usar ou não a faca (Obé).

6. A faca é que deve ser sagrada e consagrada para o corte às entidades. Não a pessoa ou espírito (Entidade).

7. Somos seres humanos conscientes, capacitados e inteligentes o suficiente para sabermos o que queremos entre o bem e o mal.

8. O assentamento (ponto de força) é seu. Faça-o. Experimente e cuide para saber se está tendo resultado ou não. Se você não estiver tendo resultados não estará prejudicando ninguém. Nem mesmo a si próprio. Tudo foi feito às suas entidades ou às entidades escolhidas por você com amor. E, se o bem não fizer o mal também não o fará. Porque nenhuma entidade verdadeira quer o mal de uma pessoa. Mesmo ela fazendo algo errado sem saber. Se isso acontecer com você, de não ter resultados, aí sim, procure uma pessoa de confiança, mostre o seu assentamento (ponto de força) e tente junto a ela e às entidades corrigir algo errado.

Muito cuidado com a escolha da pessoa. E não mude muita coisa no assentamento. Você não está totalmente errado. Apenas deve ter cometido alguma falha, o que é normal tanto para uma pessoa quanto para uma entidade. Principalmente se não estiverem bem desenvolvidos.

Obs.: Em algumas casas de Umbanda e sua linha de esquerda ainda se pratica alguns rituais de Axés (liberação à entidade) como Axé de Faca, Axé de Capa, Axé de Chapéu, Axé de Bengala, Axé de Calçado, Axé de Cadeira e também um dos mais polêmicos, o Axé de Língua (Fala).

Se uma entidade é verdadeira, não precisa de Axé nenhum para usar alguma coisa ou falar o que quiser. Afinal, esse é o motivo da vinda dela na Terra. O que acontece é que uma entidade verdadeira é tão humilde na busca da sua evolução e de seu filho, que deixa se submeter aos rituais de prova ou Axés. Não para provar que é uma entidade verdadeira, mas para ajudar no controle de giras ou sessões de Umbanda e sua linha de esquerda. Isso inibe a incorporação de quiumbas ou espíritos obsessores que, às vezes, se passam por entidades.

Com esses rituais ficam acuados com medo de não passar nesses rituais ou provas e muitas vezes subindo (desincorporando), nunca mais voltando a incorporar naquela pessoa ou casa de religião.

Você pode presentear a sua entidade com o que quiser. Ou com o que ela pedir. Tratá-la como gostaria de ser tratado. Se algum dia você for executar, participar ou presenciar o Axé de Língua (Fala), faça de portas fechadas, num dia de Gira ou Festa, longe dos olhos do público e de outras entidades que ainda não tenham o Axé de Língua (Fala). Para o ritual, uma ou duas pessoas incorporadas com suas entidades que já tenham o Axé de Língua (Fala), com exceção do Pai de Santo, Mãe de Santo, Babalorixá, Yalorixá, Caciques e Chefes de Terreiros que podem ou não estar incorporados.

Deixo um aviso: não adianta você encher a cabeça de segundas intenções. Pegar este livro e uma faca e sair matando galinha a torto e a direito. Isso não o levará a nada. A não ser a sua desvitalização total, material e espiritual ativada por essa própria força contrária lançada sobre você por você mesmo.

A finalidade desse livro é ajudar as pessoas que querem crescer e evoluir cada vez mais: materialmente e espiritualmente.

Obs.: Se tiver um Pai de Santo, Mãe de Santo, Babalorixá, Yalorixá, Caciques e Chefes de Terreiros de sua inteira confiança e quiser chamá-lo (a) para fazer o seu assentamento e dar o Axé de Faca (Obé) e outros, com certeza será melhor. Além dessa pessoa já conhecer o fundamento da Religião, ela dará uma raiz e um nome para você se apoiar e aprender mais. E, junto com os Axés, te passará o fundamento de como cultuar e cuidar de suas entidades.

Saravá Umbanda

Saravá Linha de esquerda

Laroiê Pomba Gira Maria Padilha

Introdução

Não é fácil falar sobre Entidades tão polêmicas e adoradas. Quero falar das qualidades de poder que tem a Pomba-Gira:

> *Escrever reto em linhas retas.*
> *Escrever torto em linhas tortas.*
> *Escrever reto em linhas tortas.*
> *Escrever torto em linhas retas.*
> *Faz o erro virar acerto e o acerto virar erro.*

Pomba-Gira é força, é energia da natureza. Se juntarmos as forças da água, fogo, ar, terra, teremos Pomba-Gira. E é baseada nas forças da natureza que se diz "Sem Pomba-Gira não se faz nada".

Por esse motivo, Pomba-Gira é também considerada a agente mágica universal da natureza, executora da justiça com seu jeito violento, brincalhão, honesto, irascível, bravo, suscetível, grosseiro, polêmico, educado, indecente, risonho e vaidoso. É a senhora de todos os caminhos e o símbolo da multiplicação e do crescimento. A mensageira dos Orixás. É quem leva e trás as nossas súplicas, recados, pedidos e oferendas aos Orixás. É ela que abre nossos caminhos para todas as finalidades, que nos protege dos inimigos, dos feitiços, do olho, da inveja, das coisas ocultas. É considerada a dona dos caminhos e comanda a coordenação motora de cada um. Anda, come, dança, bebe, fuma, brinca, dá gargalhada, fala a verdade e tem sentimento por cada um de nós.

É ela a Guardiã das nossas casas, terreiros, templos, cidades, negócios e caminhos. Defende-nos de todas as coisas ocultas (olho, inveja, feitiços, assaltos e inimigos ocultos). É a polícia da Terra e do Astral. Está localizado na coluna vertebral (Cundaline) significando assim a energia vital de natureza sexual. Também é considerada a dona do nosso corpo e da energia sexual da mulher e do homem. Pomba-Gira consegue estar em tudo e em todos os lugares ao mesmo tempo. É como a águia, que é o único pássaro que consegue ver o mundo dos vivos e dos mortos ao mesmo tempo.

Todos têm a Pomba-Gira individual. É ela quem executa as tarefas do Orixá, abrindo e fechando tudo. É uma energia vital que não morre nunca e, potencializada com Assentamentos (Ponto de Força), passa a dirigir todos os caminhos do ser humano, procurando sempre destrancar e abrir o que estiver trancado ou fechado.

Não esqueça de oferendá-la com alguma coisa. Ela é sempre a primeira a receber as suas oferendas. Antes de qualquer ritual para outra entidade, seja para negócio, amor, saúde etc. primeiro ative a Pomba-Gira com alguma oferenda do seu agrado (pode ser bem simples).

A Pomba-Gira hoje está muito humanizada. Talvez por estar próxima ao ser humano ou até mesmo por suas vidas passadas, criou sua própria individualidade. Por tal motivo, todos devem e têm o direito de oferendar à sua Pomba-Gira individual, também responsável pela fertilização da mulher e do homem. Pomba-Gira é a controladora e reguladora das energias positivas e negativas referente às atividades sexuais e de reprodução.

A Pomba Gira abre e fecha todo e qualquer tipo de caminho. Está presente em todos os tipos de jogos de adivinhação como cartas, búzios, tarôs, etc. Sem a Pomba-Gira, esses jogos não se concretizariam.

Pomba-Gira é uma energia poderosa e fortíssima. Atua em tudo e em todos, dia e noite. E as suas sete ponteiras colocadas no Assentamento com as pontas para cima representam os sete caminhos da mulher. Juntas às outras ferramentas, ervas, sangue (Menga Axorô), se potencializam tornando os caminhos mais seguros e de êxitos. Hoje é uma das entidades mais cultuadas dentro da religião de Umbanda. Vive aqui na Terra, no meio das mulheres. Tanto que os pedidos e as oferendas das mulheres direcionadas à Pomba-Gira têm um retorno muito rápido, na maioria das vezes com sucesso absoluto.

Pomba-Gira é como nós: gosta do que nós gostamos, come o que nós comemos, quer o que nós queremos, bebe o que nós bebemos, fuma o que nós fumamos, odeia o que nós odiamos, adora o que nós adoramos, vive o que nós vivemos.

Portanto, se você assentar a sua Pomba-Gira ou caso já a tenha assentada, não só deve como pode oferendá-la no seu Assentamento com suas oferendas próprias, que servem para condensar e dispersar energias negativas e atrair energias positivas. Oferende também com bebidas, cigarros, alimentos, frutas e outras coisas que nós gostamos.

Exemplo 1: Quando fizer um churrasco, nada impede de tirar um pedaço pequeno, colocar em uma bandeja pequena e oferendar em forma de agrado à Pomba-Gira no seu Assentamento. Quando for tomar uma cerveja ou uma bebida diferente da que costuma colocar no seu Assentamento, nada impede de colocar um pouco em um copo e oferendar. O mesmo serve para a pizza, para o doce caseiro, enfim, para todas as coisas boas de comer.

Exemplo 2: Carne de gado assada, de ovelha, de porco, galinha, linguiça, salsichão, arroz com couve decorado com ovo cozido, arroz com couve e linguiça decorado com ovo cozido, arroz com linguiça decorado com ovo cozido, arroz com couve, arroz com linguiça, pizzas, pastéis, bolos, tortas doces e salgadas, pudins, salada de frutas, frutas de todos os tipos.

Será que uma Pomba-Gira adorada assentada na minha casa, deve ficar de fora nas horas boas?

É certo fazer um churrasco e não poder servi-la um pedaço?

Será que ela não gostaria de compartilhar nessas horas?

Será que ela só pode comer um pedaço de churrasco quando for oferecido um: Quatro Pés (cabrito, porco)?

Será que ela só pode comer um pedaço de galinha assada quando for oferecida uma galinha no seu Assentamento?

Será certo deixá-la de fora na hora em que estamos alegres, comemorando alguma coisa conquistada com a sua ajuda?

Eu respondo: – É errado.

Mas nós não estamos lidando com energias da natureza? Como vamos servir no Assentamento (Ponto de Força) alimentos que consumimos?

– Mas, alimento não é energia? Caso contrário, nós não ficaríamos em pé.

Portanto, irmãos: vamos evoluir, vamos tratar as nossas Entidades como gostaríamos de ser tratados, sem bobagens e sem muitos segredos, com amor e carinho. Sejamos um só: entidade e matéria. Não estou colocando uma doutrina a ser seguida. Até porque sou um grão de areia dentro da Religião de Umbanda e sua linha de esquerda.

Pomba-Gira fez, faz e sempre fará parte do mundo acompanhando a sua evolução material e espiritual. Pomba-Gira não é um bicho de sete cabeças. E, por isso, eu sugiro que faça ou procure alguém para fazer o seu Assentamento, independente de sua religião.

Obs.: Não confunda rituais, trabalhos, oferendas que condensam e dispersam energias positivas e negativas, oferendas para concretização de um pedido, oferenda para agradecer um pedido resolvido, com oferendas de agrado. Além de ser individual, essa oferenda significa apenas agradar a Pomba-Gira para que ela se sinta bem. Dentro do ritual de Umbanda e linha de esquerda, cabeças de médiuns (pessoas) não são consagradas à Pomba-Gira em hipótese alguma.

Saravá Umbanda

Saravá linha de esquerda

Laroiê Pomba Gira Maria Padilha

Primeira Parte

Pombas-Gira e suas características

Dia da semana que lhe é consagrado
Segundas-feiras

Seus números múltiplos
1, 3, 7, 14, 21

Alguns tipos de saudação
Alupandê Pomba-Gira; Salve Pomba-Gira; Laroiê Pomba-Gira; Mojubá Pomba-Gira; Alupô Pomba-Gira; Agô Pomba-Gira; Lalupô Pomba-Gira; Saravá Pomba-Gira; Exu Mulher, Comadre.

Cores de suas velas
Branca, vermelha, cinza, azul, preta, lilás, roxa. Na maioria das vezes, uma, duas, ou mais cores juntas na mesma vela, dependendo da origem da Entidade.

Cores de suas guias
Branca, vermelha, cinza, azul, preta, lilás, roxa.
Na maioria das vezes, misture mais de uma cor dependendo da origem da Entidade, com, 1, 3 ou 7 miçangas (conta) de cada cor.

Serve também como guia de Pomba-Gira uma corrente de aço. Não esqueça sua guia imperial ou delogum feita com miçanga (conta) ou corrente de aço contendo sete voltas um pouco mais comprida para se usar atravessada no corpo.

Obs.: Guia essa que a Entidade só pode usar depois de estar bastante firme, ou seja, bem desenvolvida na matéria.

Cores de suas quartinhas

Branca, vermelha, cinza, azul, preta, lilás, roxa. Na maioria das vezes, pintadas com 1, 2, ou 3 cores juntas na mesma quartinha, dependendo da origem da Entidade.

Cores preferidas dos seus trajes

Branca, vermelha, cinza, azul, preta, lilás, roxa. Dependendo da origem da Entidade.

Utensílios usados pelas Entidades

Capa, chapéu, bengala, calçado.

Obs.: Só podem ser usados depois que a Entidade estiver bem firme, desenvolvida na matéria. Recebe, às vezes, das mãos do seu feitor ou Entidade chefe com um ritual específico para o axé (liberação para usar).

Tipos de vasilhas usadas no seu Assentamento

Alguidar de barro, panela de barro, panela de ferro.

Ocutá de Pomba-Gira usado no seu assentamento

Pedra em forma arredondada chata, lisa, de cor preta, escura ou avermelhada.

Obs.: Essa pedra pode ser encontrada nas margens de um rio, nos matos, nos campos, nas montanhas, nas pedreiras, nos chafariz de praças, nas beiras de mar ou nas estradas de terra. Observe se a pedra não está quebrada, trincada, ou rachada e se ela se parece com a pedra citada.

Minerais de Pomba-Gira que podem ser usados no seu Assentamento

Quartzo vermelho, Jaspi vermelha, Pedra de ferro.

Obs.: Esses minerais podem substituir o ocutá de Pomba-Gira na feitura do assentamento caso você não o ache.

Imagens de Pomba-Gira que podem ser usadas no Assentamento

Vulto feminino confeccionado de ferro cobre ou bronze. Em alguns casos, pode ser de madeira.

Obs.: Esses vultos confeccionados de metal e madeira podem substituir os minerais e os ocutás de Exu e Pomba-Gira nos Assentamentos caso você não os encontre.

Imagens de gesso, hoje bastante conhecida e vendida. Possui nome e forma individual de cada Pomba-Gira.

Obs.: Essas imagens de gesso podem substituir os vultos de metal, madeira, os minerais e ocutás somente enquanto o Assentamento de Pomba-Gira não for receber Axorô Menga de aves consideradas meio Quatro pés, e animais de Quatro pés.

Os ocutás, minerais, vultos de metais, madeira, e imagens de gesso são uma particularidade que está vinculada à Pomba-Gira. São elos entre a pessoa e a Pomba-Gira.

Tipos de ervas usadas no seu Assentamento

Folha de amendoim, folha de feijão preto, folha da pimenteira – todos os tipos, folha de limoeiro, folha de laranjeira azeda, folha da amoreira, folha da batata inglesa, folha de milho verde, folha do marmelo, folha do camboi, folha da beterraba, couve, urtiga, guiné, hortelã, barba de milho, manjericão, manjerona, quebra-tudo, guanxuma, carqueja, arnica, dólar, fortuna, dinheirinho, alevante, orô, aroeira, folha de mamona verde, folha de mamona roxa, brinco de princesa.

Ferramentas usadas no seu Assentamento

Corrente de aço, ponteira, tridente de Pomba-Gira, chave, cadeado, porrete de vara de marmelo ou camboi fino de mais ou menos 15 cm, moedas, búzios, ímã, esfera de aço, dado, tava de osso, punhal ou uma faca de ponta fina, castiçal de barro ou metal, taça de vidro para Pomba-Gira, bijuterias, sineta.

Tipos de metais usados no seu assentamento

Aço, estanho, bronze, cobre, chumbo, ferro, níquel, alumínio, ouro, prata.

Tipos de bebidas usadas no seu Assentamento

Champanhe, cachaça, vinho branco, vinho tinto, licores, uísque, cerveja branca, cerveja preta, vodka, conhaque, martini, vermute, rum etc.

Tipos de terras usados no seu Assentamento

Terra do cruzeiro (encruzilhada), terra do cemitério, terra da praça, terra do mato, areia da praia rio ou mar, terra da residência onde você mora.

Tipos de pó usados no seu Assentamento

Pó de ferro, pó de bronze, pó de cobre, pó de chumbo, pó de prata, pó de ouro, pó de tijolo, pó de carvão, pó de cinza de fogão à lenha, pó de enxofre, pó de pimenta de todos os tipos, pó de pemba (branco, vermelho, cinza, azulão, preto, lilás, roxo).

Tipos de pombas fêmeas usadas no seu Assentamento

Branca e preta, branca e marrom, branca e cinza, cor de telha, cinza, branca, marrom, preta e cinza, preta e marrom.

Cuidado: se optar por usar a pomba na feitura do seu Assentamento com aves, dali para frente use de vez em quando a substituindo por outras aves. A Pomba-Gira é muito humanizada e a pomba usada seguidamente pode santificá-la prejudicando-a na hora de fazer a sua defesa ou a sua própria justiça terrena ou astral. (santificar significa: criar dó, pena, remorso do seu inimigo).

Obs.: Essas aves só podem ser oferecidas à Pomba-Gira no seu Assentamento depois que o mesmo já tenha recebido o primeiro Assentamento de ervas. Caso contrário, não. Nunca use no seu assentamento pomba totalmente preta ou com defeitos no bico, asas e pés.

Tipos de aves usadas no seu Assentamento

Galinha carejó, galinha vermelha, galinha vermelha e preta, galinha prateada, galinha branca e preta, galinha cinza, galinha preta e cinza.

Obs.: Essas aves só podem ser oferecidas à Pomba-Gira no seu Assentamento depois que o mesmo já tenha recebido o primeiro Assentamento de ervas. Caso contrário, não. Nunca use no seu Assentamento galinha totalmente preta, de rinha, ou com defeitos no bico, asas e pés.

Aves consideradas meio quatro pés usadas no seu Assentamento

Peru-fêmea e angolista-fêmea (coquem) de qualquer cor, menos totalmente preta.

Obs.: Essas aves só podem ser oferecidas no Assentamento de Pomba-Gira depois que o mesmo já tenha recebido aves comuns (galinhas). Caso contrário, não. Nunca use no seu Assentamento, aves totalmente pretas ou com defeitos no bico, asas e pés.

Animais de quatro pés usados no seu assentamento

Cabrita fêmea com aspa, branca e preta, branca e marrom, branca e cinza, marrom, cinza, branca, cinza e preta, marrom e branca. Ofereça também uma leitoa (porca). Em alguns casos – raros – ofereça uma vaca (nova).

Obs.: Esses animais só podem ser oferecidos no Assentamento de Pomba-Gira depois que o mesmo já tenha recebido aves comuns. Caso contrário, não.

Nunca use cabrita totalmente preta no seu Assentamento (exceto a leitoa – e quando oferecer um Quatro Pés à Pomba-Gira o mesmo deve ser acompanhado por uma ou mais aves comuns (galinha) cortando primeiro o animal de quatro pés e por último a ave).

Quando sugiro que não use aves e animais de quatro pés totalmente pretos, não estou condenando o preto. Apenas creio que essa cor se parece muito com a escuridão e não contém uma boa energia. Além de ser muito usada por: quiumbas, feiticeiros e magos negros em seus rituais de magias.

Porém, se você quiser, fica a seu critério! Você pode cultuar o seu Assentamento apenas com ervas se assim preferir. Reforce com as mesmas todos os anos, sem precisar oferecer aves comuns, aves consideradas meio Quatro Pés ou animais de Quatro Pés.

Para o Assentamento receber aves consideradas meio Quatro Pés, primeiro tem que ter recebido aves comuns. E para receber animais de Quatro Pés, primeiro tem que ter recebido aves comuns ou aves consideradas meio Quatro Pés.

Oferendas que concentram e dispersam correntes positivas e negativas

- Um punhado de milho de galinha torrado bem escuro
- Um punhado de pipoca

- Sete batatas inglesas assadas
- Um punhado de farofa (farinha de mandioca misturada com dendê)
- Um punhado de farofa (farinha de mandioca misturada com mel)
- Charuto aceso
- Uma maçã

Coloque o milho, a pipoca e a farofa dentro de um alguidar. Em cima, a maçã e batatas. O charuto, aceso no cinzeiro. Tenha essa oferenda dentro da casa de Pomba-Gira. Troque-a e despache-a na rua ou encruzilhada a cada 15 dias.

Ecós que repulsam correntes negativas e atraem correntes positivas

- Um alguidar pequeno com água
- Sete punhados bem pequenos de farinha de mandioca
- Sete gotas de dendê

Com a água no alguidar, coloque os sete punhados de farinha de mandioca e sete gotas de dendê.

- Um alguidar pequeno com água
- Sete punhados bem pequenos de farinha de milho
- Uma colher de mel
- Sete gotas de perfume de alfazema (ou de sua preferência)

Com a água no alguidar, coloque sete punhados de farinha de milho, uma colher de mel e sete gotas do perfume. Tenha esses ecós dentro da casa da Pomba-Gira. Troque-os e despache-os na rua ou encruzilhada a cada 15 dias.

Condensadores e repulsadores de energias positivas e negativas

- Mel
- Dendê
- Farinha de mandioca
- Café em pó virgem
- Sal grosso
- Àlcool
- Perfume.

Tenha esses itens dentro de alguns potes pequenos, sem tampas, dentro da casa da Pomba-Gira. Troque mais ou menos de 30 em 30 dias despachando-os na rua.

Lugares onde se leva oferendas para Pomba-Gira

Nos cruzeiros (encruzilhada) aberto, cruzeiros (encruzilhada) fechado, cruzeiros do mato, campestres, praças, praias, rios, cemitérios, estradas de terra, estradas férreas, trevos de estradas asfaltadas.

A casa de Pomba-Gira e Exu

Darei uma sugestão sobre a feitura da casa de Pomba-Gira e Exu ficando ao seu critério fazê-la um pouco maior ou menor, de alvenaria ou madeira.

Se você mora de aluguel eu aconselho a fazê-la de madeira e não fazer o plantio embaixo da casa da Pomba-Gira (na terra). O mesmo serve também para quem mora em apartamento acima do térreo.

A casa de Pomba-Gira e Exu pode ser de alvenaria ou madeira e deve ter aproximadamente 70 cm de largura, 60 cm de comprimento fundo e 1,70 m de altura. Deve possuir uma prateleira da altura do meio para cima na parede do fundo da mesma largura da casa, com aproximadamente 25 cm de comprimento fundo aonde servirá para colocar alguns utensílios destinados às Entidades ali assentadas, como velas, fósforos, charutos, garrafas de bebidas etc. Embaixo, no piso monte, um altar da mesma largura da casa, com mais ou menos 25 cm de comprimento fundo, com mais ou menos 35 cm de altura, onde ficará os alguidar ou panelas e quartinhas referente ao Assentamento de suas Entidades.

Deve possuir uma porta frontal bem alta e larga, aproximadamente da altura da casa e da largura da mesa para facilitar o acesso e manuseio. A porta deve conter uma fechadura ou um cadeado. A cobertura de cima, se possível, deve ser de telha de barro ou brasilit ou zinco, com uma ou duas caídas de águas. Também, um suporte com uma lâmpada de baixa voltagem vermelha para ficar acesa durante a noite energizando as Entidades assentadas – essa lâmpada não substitui o uso de velas.

A cor da casa da Pomba-Gira e Exu pode ser toda vermelha por dentro e por fora. A minha casa é toda vermelha por dentro, branca por fora e a porta vermelha por dentro e vermelha por fora. Acredito que o branco, além de manter o respeito a Oxalá, serve também para acalmar a Pomba-Gira e o Exu assentados. Outro item importante em relação à casa da Pomba-Gira e Exu é que você pode ter dentro dela, junto ao Assentamento, uma imagem de São Miguel de Alma, pela qual o povo da linha de esquerda tem um respeito maior. Ele é considerado o seu chefe maior.

O piso da casa pode ser de chão batido, cimento puro ou azulejado. Porém, antes de formar o piso, abra um buraco no centro de mais ou menos 20 cm de largura e fundura, forre o buraco com folha de mamona ou papel de seda da cor da Pomba-Gira e Exu e coloque 2 kg de sal grosso, 2 kg de carvão vegetal moído, ½ kg de farinha de mandioca, um garfo de Exu cravado para baixo, um garfo de Pomba-Gira cravado para baixo, duas ponteiras cravadas também para baixo (cravados no sentido pontas para baixo). Despeje o líquido de uma garrafa de champanhe e o líquido de uma garrafa de cachaça por cima. Por último, derrame por cima de tudo um vidro de azeite de dendê de ½ litro e um vidro de mel de ½ litro.

Feito isso, batize o buraco com os nomes das Entidades assentadas com três ramos verdes umedecidos no azeite doce, no sal e na água, espargindo em sentido cruz (como se fosse fazer o sinal da cruz) em cima do buraco, um ramo de cada vez. Ao fazer isso, recite:

Eu te batizo com o nome da Pomba-Gira (diga o nome da Pomba-Gira) e Exu (diga o nome do Exu) em nome da Santíssima Trindade.

Os ramos podem ser depositados juntos ao buraco. Em seguida, forre-o com folha de mamona ou papel de seda e feche-o. Está feito o plantio. Se a casa for de alvenaria, deixe uma vela de sete dias acesa (use um castiçal improvisado, um pires), se for de madeira, coloque-a no lugar certo, em cima do plantio e deixe a vela acesa.

Se preferir, deixe o chão batido, acimentado ou azulejado. Se optar pela casa de madeira, o processo é o mesmo. Faça o plantio na terra, embaixo de onde ficará a casa da Pomba-Gira e Exu. Isso não impede que faça a casa de alvenaria ou madeira e opte por não fazer o plantio embaixo do piso.

Se a casa for de madeira (imóvel alugado ou apartamento), o plantio embaixo do piso não será obrigatório. Entretanto, o ritual de batizado é o mesmo. Será realizado após tudo montado dentro da casa e de recebido o primeiro Assentamento de ervas.

Obs.: O batizado só é realizado uma única vez. Em futuros reforços anuais com ervas ou Assentamentos com sangue (Axorô Menga) não será realizado o batismo. E o plantio da casa da Pomba-Gira e Exu assim como o seu Assentamento devem ser realizados sob a Lua Crescente, Nova ou Cheia. Em hipótese alguma deve ser realizado sob a Lua Minguante.

É válido lembrar que não existem Assentamentos de Pomba-Gira sem Exu. E que a casa de Pomba-Gira e Exu deve ficar, de preferência, na frente e à esquerda de quem entra no local onde estão assentados. Caso não seja possível, coloque à direita ou até mesmo nos fundos do pátio (terreno) onde você mora.

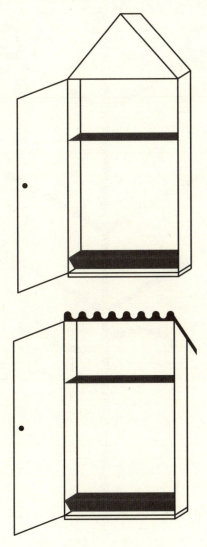

Alguns pontos riscados de Pomba-Gira de Cruzeiro (aberto – fechado) que podem ser feitos em ferro e usados como cabala no Assentamento de qualquer Pomba-Gira de Cruzeiro

ᛉ *Evandro Mendonça* ᛉ

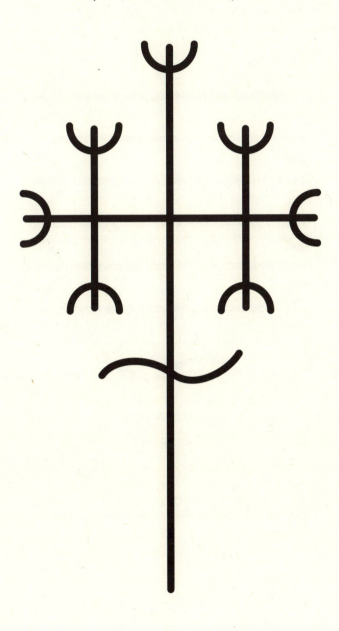

Pomba-Gira e seus Assentamentos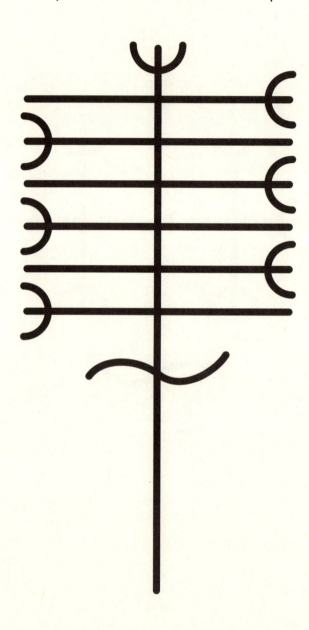

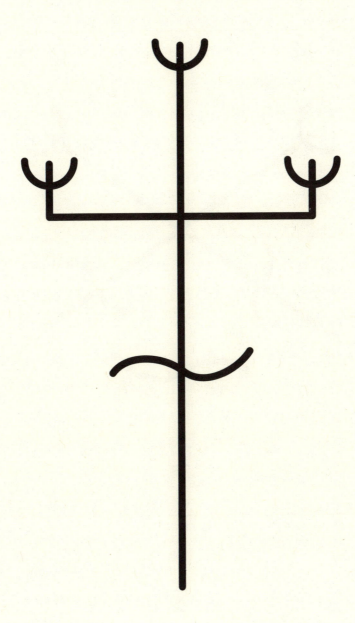

Pomba-Gira e seus Assentamentos

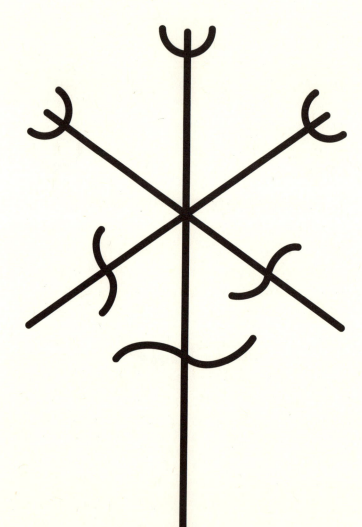

ᛉ *Evandro Mendonça* ᛉ

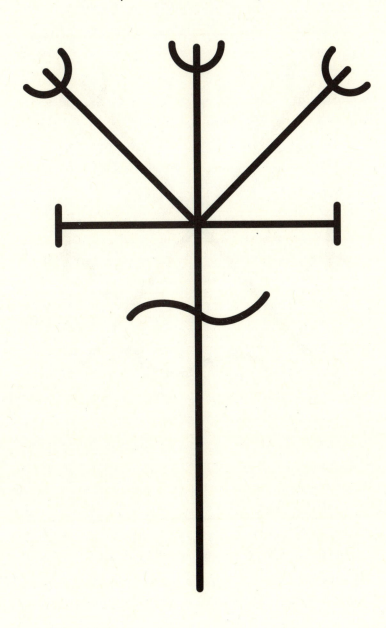

Obs.: Esses pontos riscados usados em ferro devem ter a ponta de baixo (base) um pouco mais comprida para ser enterrada e ficar mais firme na panela ou alguidar. Esses pontos riscados são básicos. Podem ser acrescentados por você ou sua Entidade para alguma particularidade a mais.

Alguns pontos riscados de Pomba-Gira de Alma que podem ser feitos em ferro e usados como cabala no Assentamento de qualquer Pomba-Gira de Alma

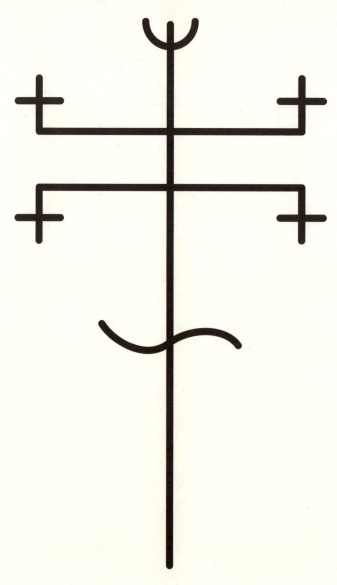

Ψ *Evandro Mendonça* Ψ

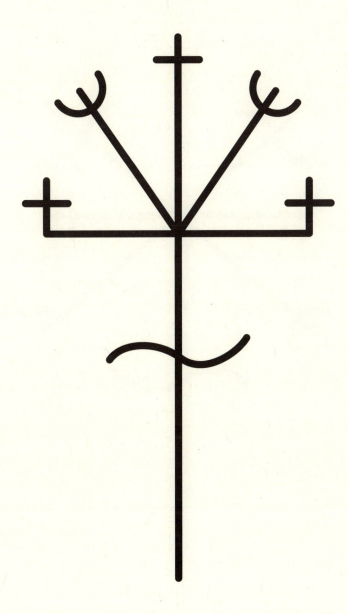

Pomba-Gira e seus Assentamentos

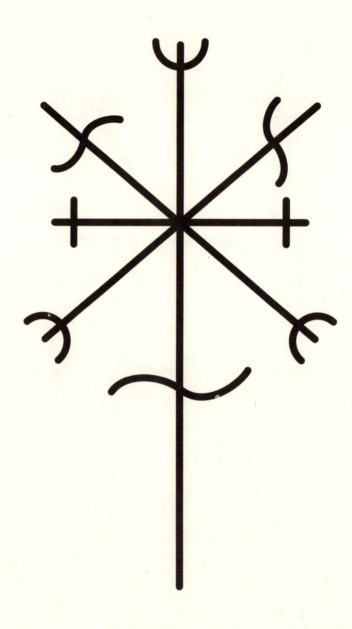

⵿ *Evandro Mendonça* ⵿

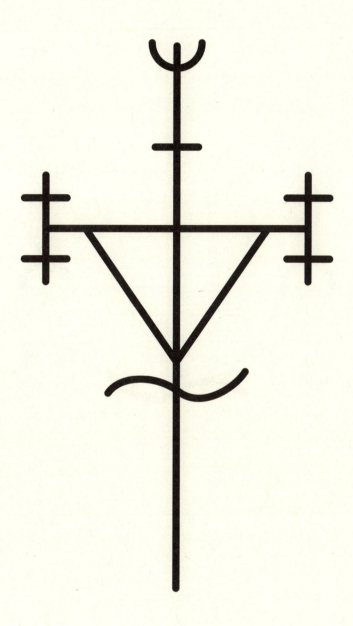

⁂ *Pomba-Gira e seus Assentamentos* ⁂

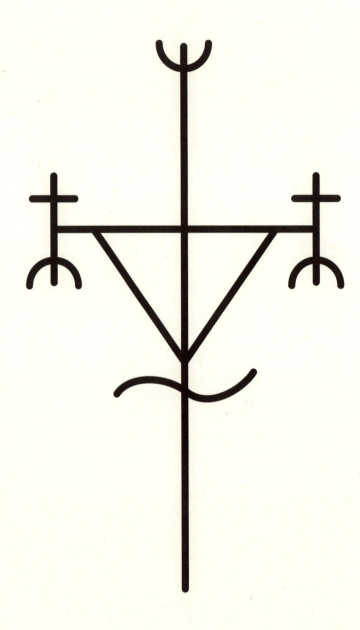

⚹ *Evandro Mendonça* ⚹   55

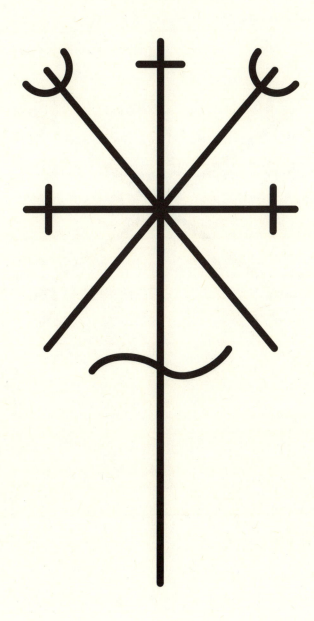

⛧ *Pomba-Gira e seus Assentamentos* ⛧

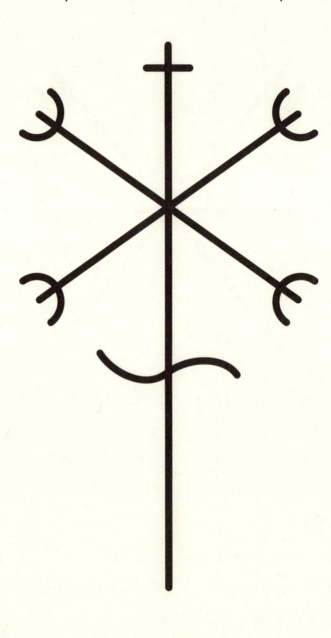

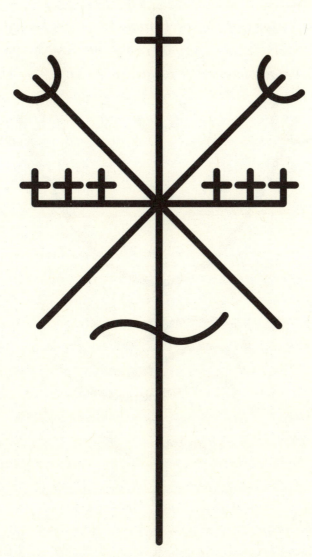

Obs.: Esses pontos riscados usados em ferro devem ter a ponta de baixo (base) um pouco mais comprida para ser enterrada e ficar mais firme na panela ou alguidar. Esses pontos riscados são básicos. Podem ser acrescentados por você ou sua Entidade para alguma particularidade a mais.

Alguns pontos riscados de Pomba-Gira que podem ser feitos em ferro e usados como cabala no Assentamento de qualquer Pomba-Gira de praia, rio e mar

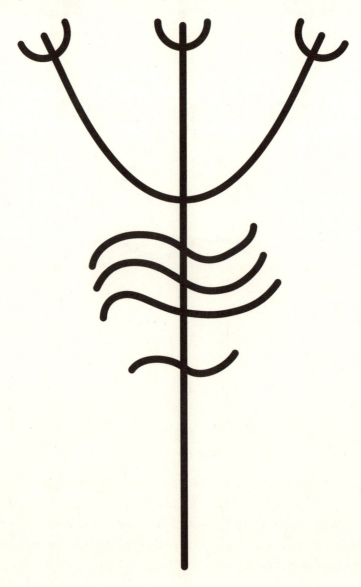

♈ *Evandro Mendonça* ♈ 59

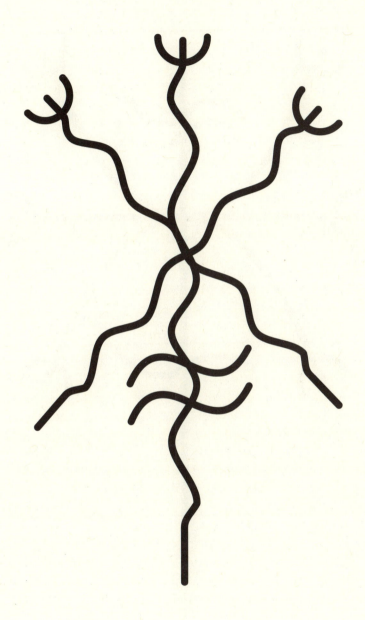

⛧ Pomba-Gira e seus Assentamentos

ᛉ *Evandro Mendonça* ᛉ

⁌ Pomba-Gira e seus Assentamentos ⁌

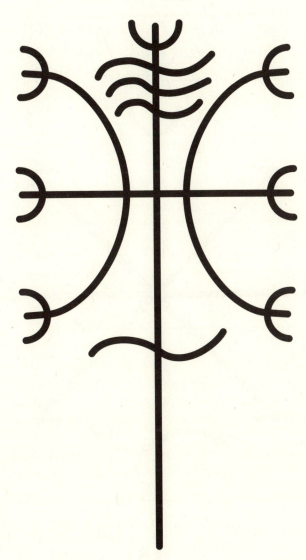

Obs.: Esses pontos riscados usados em ferro devem ter a ponta de baixo (base) um pouco mais comprida para ser enterrada e ficar mais firme na panela ou alguidar. Esses pontos riscados são básicos. Podem ser acrescentados por você ou sua Entidade para alguma particularidade a mais.

Alguns pontos riscados de Pomba-Gira de Mato que podem ser feitos em ferro e usados como cabala no Assentamento de qualquer Pomba-Gira de Mato

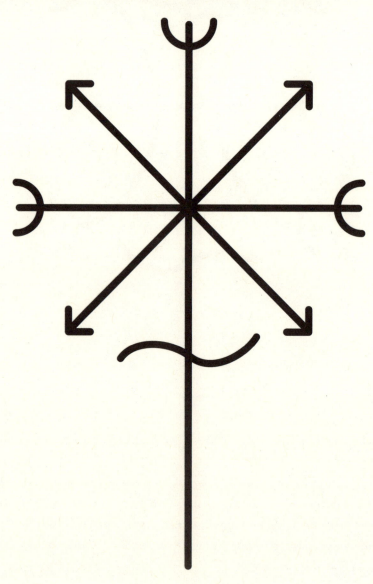

ᚼ *Evandro Mendonça* ᚼ

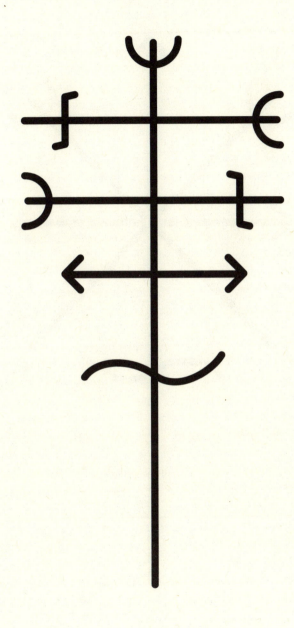

Pomba-Gira e seus Assentamentos

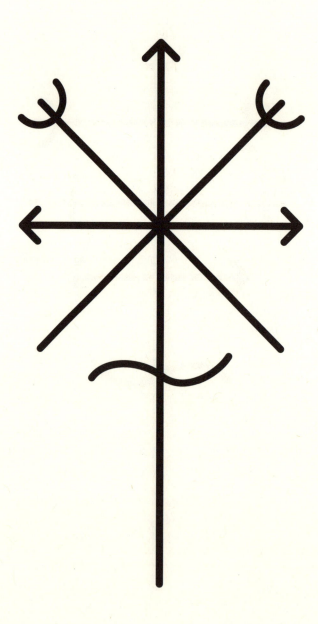

Pomba-Gira e seus Assentamentos

♈ *Evandro Mendonça* ♈

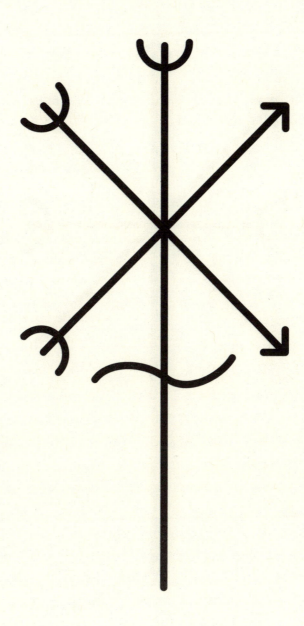

⚚ Pomba-Gira e seus Assentamentos

Obs.: Esses pontos riscados usados em ferro devem ter a ponta de baixo (base) um pouco mais comprida para ser enterrada e ficar mais firme na panela ou alguidar. Esses pontos riscados são básicos. Podem ser acrescentados por você ou sua entidade para alguma particularidade a mais.

Alguns pontos cantados de Pomba-Gira

Não faço mal a ninguém;
procuro não ter inimigos,
vou caminhando sozinho
com a certeza que a Pomba-Gira é minha amiga.
Quem tiver demanda,
quem estiver em guerra
respeita a Pomba-Gira,
que é o elemento da terra.
Quem tiver demanda,
quem estiver em guerra
respeita a Pomba-Gira,
que é o elemento da terra.

Maria Padilha foi que chegou sorrindo,
olhou pro mundo e chorou;
que o mundo pode ser mais lindo
se o ser humano tivesse mais amor.
Pomba-Gira não foi feita pra se lamentar,
Pomba-Gira não foi feita pra te ver sofrer;
Maria Padilha foi quem sofreu demais
por achar que o mundo pode renascer.
Maria Padilha foi quem sofreu demais
por achar que o mundo pode renascer.

Foi nas almas,
foi nas almas,
foi nas almas que nasci e me criei,

foi nas almas que a Pomba-Gira me batizou,
foi nas almas.
Foi nas almas,
foi nas almas,
foi nas almas que nasci e me criei,
foi nas almas que a Pomba-Gira me batizou,
foi nas almas.

Se enterrar meus garfos
eu desenterro.
A gira da rosa caveira
é no portão do cemitério.
Se enterrar meus garfos
eu desenterro.
A gira da rosa caveira
é no portão do cemitério.

Hoje tem festa lá na praça:
Exu Lanã com seu povo cigano,
mas ele toca seu lindo violino
para saudar a cigana do Jarro,
e ela dança para seu rei,
seu rei Tiriri Lanã.
Alupandê a cigana do Jarro,
alupandê Tiriri Lanã,
alupandê a cigana do Jarro,
alupandê Tiriri Lanã.

Não te quero um dia
nem por uma noite não,
eu só te quero por toda a minha vida.
Sete dias sofri,
sete noites chorei,
Por sete vezes eu me apaixonei.
A Padilha sabe,
a Mulambo também,
a Quitéria confessa que eu amo você.
A Padilha sabe,
a Mulambo também,
a Quitéria confessa que eu amo você

Tira esses espinhos do caminho
que eu quero passar com a minha dor;
se hoje pra você eu sou espinho,
espinho não machuca a flor.
Eu só errei quando juntei minha alma à sua,
o sol não pode viver longe da lua;
eu só errei quando juntei minha alma à sua,
o sol não pode viver longe da lua.

Exu Maria Padilha,
mulher da máfia,
mulher de Lúcifer,
trabalha na noite escura
o seu feitiço tá na ponta do seu garfo,
tá debaixo do seu pé;

me chamam de leviana
e até mesmo mulher de cabaré,
mas a língua do povo não tem osso,
deixa esse povo falar,
mas a língua do povo não tem osso,
deixa esse povo falar.

Toco só toco tambor,
toco só toco pra ela,
toco só toco tambor,
toco só toco pra ela.
Ela vem girando
na linha das almas,
é Maria Padilha;
ela vem girando
na linha das almas,
é Maria Padilha;
o seu olhar é sereno,
o seu olhar me fascina,
ela vem girando
na linha das almas,
é Maria Padilha.

A sua catacumba tem mistério,
mas ela é
Maria Padilha do cemitério,
mas ela é loira,
olhos azuis,

Maria Padilha,
filha do senhor Omulu;
mas ela é loira,
olhos azuis,
Maria Padilha,
filha do senhor Omulu.

Você sabe quem sou eu,
você sabe quem sou eu.
Eu giro ao meio dia,
eu giro à meia noite,
eu giro a qualquer hora,
você sabe quem sou eu,
você sabe quem sou eu.
Sou eu, Exu Mulher,
eu giro ao meio dia,
eu giro à meia noite,
eu giro a qualquer hora,
você sabe quem sou eu,
você sabe quem sou eu.
Sou eu, Exu Mulher.

Eu andava pela alta madrugada,
pela alta madrugada;
e no clarão da Lua uma mulher eu vi.
Vem cá morena formosa,
vem me dizer quem tu és;
tu és a dona da rosa,

a Pomba-Gira mulher;
vem cá morena formosa,
vem me dizer quem tu és;
tu és a dona da rosa,
a Pomba-Gira mulher:
rosa vermelha,
rosa vermelha sagrada;
rosa vermelha.
A Pomba-Gira das sete encruzilhadas,
ela vem girando, girando, girando,
e dando risada.
Ela vem girando, girando, girando,
e dando risada.
Mas, cuidado amigo, ela está de saia rodada;
Mas, cuidado amigo, ela está de saia rodada.

Quando a sete saia
no terreiro chegou,
todo o Exu
com respeito ela saudou.
Mas ela é bonita,
ela é mulher,
ela é a Pomba-Gira,
ela é o Exu Mulher.
Mas ela é bonita,
ela é mulher,
ela é a Pomba-Gira,
ela é o Exu Mulher.

Ó Deus te salve
Pomba-Gira sete saia,
que gira dia e noite,
que gira sem parar.
Ó Pomba-Gira,
saia do seu cruzeiro
e venha pro terreiro,
eu quero ver você girar.
Ó Pomba-Gira,
saia do seu cruzeiro
e venha pro terreiro,
eu quero ver você girar.

Eu vi uma Leba na beira da estrada,
uma Leba
morena bonita e bem trajada,
uma Leba.
E quando eu passava, ela dava risada,
uma Leba,
rainha das sete encruzilhadas,
uma Leba.

Rainha, sua coroa brilhou.
Rainha, sua coroa brilhou.
Rainha, que vem lá do cemitério,
Pomba-Gira das almas,
sua coroa tem mistério.
Rainha que vem lá do cemitério,

Evandro Mendonça

Pomba-Gira das almas,
sua coroa tem mistério.

Olha a moça bonita.
Ela é a Rainha das almas.
Olha a moça bonita.
Ela é a Rainha das almas.
Deu meia noite uma mulher gargalhar,
deu meia noite uma mulher gargalhar.
Vamos Saravá encruza
Pomba-Gira das almas.
Vamos Saravá encruza
Pomba-Gira das almas.

Eu andava perambulando
sem ter nada o que comer,
vou pedir às santas almas
que venham me socorrer.
Foi as almas que me ajudou,
foi as almas que me ajudou,
foi as almas que me ajudou,
e viva a Deus nosso Senhor.
Foi as almas que me ajudou,
foi as almas que me ajudou,
Foi as almas que me ajudou,
e viva a Deus nosso Senhor.

Ô Cigana,
vai buscar aquele amor que foi embora,
ciganinha linda,
ciganinha flor,
vem trazer carinho,
vem trazer amor.
Ciganinha linda,
ciganinha flor,
vem trazer carinho,
vem trazer amor.
Ô Cigana.

Eu tenho um balanço,
eu tenho um balanço,
eu tenho um balanço na terra.
Eu tenho um balanço,
eu tenho um balanço,
no fundo do mar.
Ciganinha vem,
ciganinha vai,
ciganinha balança
e o pandeiro não cai.
Ciganinha vem,
ciganinha vai,
ciganinha balança
e o pandeiro não cai.

Eu vi um clarão no céu,
eu vi um clarão na Lua,
eu vi um casal na esquina:
era Pomba-Gira e o Destranca-Rua

Bem que eu avisei
pra você não jogar
esta cartada comigo,
você apostou no valete
e eu apostei na dama,
apostei na dama
amigo, você não me engana.
Pomba-Gira cigana,
essa eu conheço de fama,
amigo, você não me engana,
Pomba-Gira cigana
essa eu conheço de fama.

Se você estiver sozinho
é só chamar por mim.
Se você estiver sozinho
é só chamar por mim.
Mas não se assuste a me ver.
Eu sou a luz que vai iluminar os seus caminhos,
eu sou a Pomba-Gira
que trabalha no cruzeiro,
que trabalha na calunga
e também na catacumba.

Pomba-Gira e seus Assentamentos

Eu sou a Pomba-Gira
que trabalha no cruzeiro,
que trabalha na calunga
e também na catacumba.

Seu Tranca-Rua das almas
e a Pomba-Gira mulher;
seu Tranca-Rua das almas
e a Pomba-Gira mulher.
Oh! Venha ver
a oferenda que eu vou fazer
para saudar o povo de Alupandê.
Venha beber, venha beber,
venha fumar, venha fumar,
venha saudar o povo de Alupandê.
Venha beber, venha beber,
venha fumar, venha fumar,
venha saudar o povo de Alupandê.

Eu plantei couve, o cabrito comeu
meus inimigos na beira do rio.
Eu plantei couve, o cabrito comeu
meus inimigos na beira do rio.
Na minha horta eu plantei samambaia
Meu inimigos não me atrapalham
na minha horta eu plantei samambaia,
meus inimigos não me atrapalham.

Evandro Mendonça

Cambono segura a cantiga
que está chegando a hora.
Saravá toda a encruza,
Pomba-Gira é quem manda agora;
saravá toda a encruza,
Pomba-Gira é quem manda agora.

Meu Senhor do campo santo,
nas horas santas benditas
quem louva as Pombas-Gira
não passa horas malditas,
quem louva as Pombas-Gira
não passa horas malditas.

Dentro da calunga eu vi
uma linda mulher gargalhar.
Era Pomba-Gira da calunga
que começava a trabalhar,
era Pomba-Gira da calunga
que começava a trabalhar.

Eu sou menina da praia,
eu venho das ondas do mar,
o meu garfo é bem firme
quando começo a espetar.
E toda a minha demanda
espeto no fundo do mar,

onde fica deitada
sereia, tubarão do mar.

São Miguel chama,
é hora, é hora.
A balança pesa,
os Exus já vão embora.
São Miguel chama,
é hora, é hora.
A balança pesa,
as Pomba-Gira já vão embora.

Olha minha gente,
ela é farrapo só.
Pomba-Gira maria mulambo
é de coró, có co.
Pomba-Gira maria mulambo
é de coró, có co.

Vinha caminhando a pé
para ver se encontrava Pomba-Gira cigana da fé.
(bis)
Ela parou e leu minha mão,
e disse-me toda a verdade
Eu só queria saber onde mora
Pomba-Gira cigana da fé.
Eu só queria saber onde mora
Pomba-Gira cigana de fé.

Banhos de descarga de Pombas-Gira

Banho para abrir caminhos

- Louro
- Cedro
- Sândalo
- Salvia em pó
- Cominho em pó
- Aroeira
- Folha da batata inglesa

Banho para resgatar a energia vital

- Folha de cacau
- Folha do fumo ou fumo em ramo
- Alevante
- Cominho em pó
- Manjerona
- Manjericão
- (pode acrescentar mel e perfume a gosto)

Banho para atrair dinheiro

- Essência de cravo
- Essência de canela
- Açúcar mascavo
- Folha de cedro
- Folha de salsinha
- Folha de louro
- Folha de limão galego
- Folha de pitangueira
- (pode acrescentar mel e perfume a gosto)

Banho contra magia maléfica

- Manjericão
- Guiné
- Aroeira
- Alecrim
- Funcho
- Malva-cheirosa
- (pode acrescentar mel e perfume a gosto)

Banho para o amor

- Casca de maçã seca
- Casca de bergamota seca
- Pétalas de rosas
- Perfume de alfazema
- (pode acrescentar mel e perfume a gosto)

Banho de descarrego

- Espada de São Jorge
- Espada de Santa Bárbara
- Lança de Ogum
- Arruda-macho
- Arruda-fêmea

Banho de sal grosso (descarga)

Por ser um elemento muito poderoso para descarga, pode ser usado sozinho ou um pouco em banhos de ervas para limpeza e descarrego. Cuidado com o banho de sal. Tomado seguidamente enfraquece o espírito e desequilibra a imantação de defesa normal do corpo

Banho de descarrego feminino (Pomba-Gira)

- Um champanhe
- Um pacote de fumo desfiado ou fumo em ramo
- Alevante

Rale a erva e o fumo no champanhe e deixe em fusão. Coe e acrescente um pouco de água. Está pronto o banho. (não pode ser usado por pessoas iniciadas ou feitas na nação africana)

Banho de atração para casas noturnas ou mulheres que as frequentam

- Manjerona
- Alecrim
- Dama da noite
- Chamarisco
- (pode acrescentar mel e perfume a gosto)

Banho para afastar espíritos obsessores

- Pitangueira
- Folha de marmelo
- Carqueja
- Cambuí
- Comigo-ninguém-pode

Banho para afastar Egun (espírito sem luz)

- Pitangueira
- Aroeira
- Arruda-macho
- Folha de marmelo
- Arruda-fêmea

Banho para destrancar algo que está trancado

- Alevante
- Arruda-macho
- Guiné de guampa
- Erva pombinha
- Folha de amoreira
- Cambuí
- Folha de marmelo

Banho para clarear os caminhos

- Guiné de guampa
- Arruda-fêmea
- Cambuí
- Anis
- Pétalas de rosas vermelhas
- Folha de aroeira
- Alevante

Banho de limpeza e descarrego

- Arnica
- Amendoim (folha)
- Couve
- Carqueja
- Folha de batata inglesa

Banho contra feitiços

- Espada de São Jorge
- Comigo-ninguém-pode
- Arruda-macho (se for homem) ou fêmea (se for mulher)
- Cambuí
- Sete rodelas de charuto

- Sal grosso (pouco)
- Alevante

Banho de descarga após visitar a Calunga

- Uma pitada de sal grosso
- Folha de marmelo
- Pitangueira
- Aroeira
- Cambuí

Caso não encontre uma determinada erva, substitua por Orô ou Alevante para completar o numero de ervas. Elas podem ser adicionadas em qualquer tipo de banho independente da finalidade.

Alguns tipos de defumações de Pombas-Gira

Defumação para limpeza e descarrego

- Amoreira
- Folhas ou bagaço de cana
- Casca de cebola
- Hortelã pimenta
- Mirra
- Folha de marmelo
- Comigo-ninguém-pode

Defumação contra fluídos negativos

- Quebra-tudo
- Guiné-caboclo
- Espada de Santa Bárbara
- Pitangueira

- Folha de marmelo
- Alevante
- Folha de Cambuí

Defumação para limpeza de casas comerciais

- Café em pó
- Casca de coco ralado
- Amoreira
- Palha de alho (ou casca)
- Casca de cebola
- Pimenta da costa
- Benjoim

Defumação de atração para casas noturnas ou para mulheres que as frequentam

- Pétalas de rosas vermelhas
- Dama da noite
- Chamarisco
- Manjerona
- Manjericão
- Malva-cheirosa
- Alecrim
- Alevante

Defumação para uso em estabelecimento comercial para atrair negócios

- Gengibre ralado
- Cravo da Índia
- Semente de girassol
- Louro
- Açúcar mascavo

- Noz moscada ralada
- Canela em pó
- Breu

Defumação para atrair dinheiro

- Gengibre ralado
- Açúcar mascavo
- Breu
- Semente de girassol
- Noz moscada ralada
- Pão adormecido ralado
- Louro
- Pitangueira
- Canela em pó
- Cravo da Índia

Defumação para afastar espíritos perturbadores de dentro de casa

- Benjoim
- Incenso
- Mirra
- Enxofre
- Casca de alho (ou palha)
- Café em pó
- Alecrim
- Pitangueira
- Folha de marmelo

Defumação para destrancar algo

- Arruda
- Eucalipto

- Fumo em rolo desfiado
- Casca de alho (ou palha)
- Guiné-caboclo
- Benjoim
- Incenso
- Alevante

Defumação para arrumar emprego
- Noz moscada
- Pão adormecido ralado
- Farinha de milho
- Dinheirinho em penca
- Folha da fortuna
- Canela
- Cravo da Índia
- Café em pó

Defumação para abrir os caminhos
- Amoreira
- Hortelã-pimenta
- Orô
- Carqueja
- Alevante
- Amoreira
- Fumo em rolo desfiado

Caso não encontre uma determinada erva, substitua por Orô ou Alevante para completar o numero de ervas. Elas podem ser adicionadas em qualquer tipo de defumação independente da finalidade.

Alguns tipos de oferendas de Pombas-Gira

Ebó para conseguir Emprego (Pomba-Gira de sua preferência)

- Pó de emprego (comprado em floras)
- Um alguidar médio de barro
- Duas velas brancas
- Uma vela vermelha e preta
- Mel
- Dendê
- Dois quilos de farinha de milho crua
- Uma cebola grande
- Um champanhe
- Um charuto
- Uma caixa de fósforos
- 1m de morim (ou papel de seda) branco

Faça a metade do alguidar com farinha misturada ao dendê, a outra metade com mel. Corte a cebola em rodelas e enfeite a comida. Jogue um pouco de pó por cima. Arrie tudo numa encruzilhada à noite. Acenda as velas, abra o champanhe e acenda o charuto. Arrume tudo por cima do morim. Faça o encantamento: Kobá, Laroiê Pomba-Gira Amojubá. Faça o pedido que deseja. Esse Ebó é oferecido à Pomba-Gira e deve ser feito numa segunda-feira. Ofereça à Pomba-Gira de encruzilhada ou uma de sua preferência.

Oferenda para Pomba-Gira e Exu (prosperidade)

- Miúdos (bovinos, suínos, ovinos)
- Farinha de milho grossa
- Azeite de dendê

- Alguidar de barro
- Um champanhe
- Uma garrafa de cachaça
- Sete velas vermelhas e pretas
- Uma caixa de fósforos

Compre vários tipos de miúdos (bovino, suíno, ovino), pique e cozinhe numa panela com bastante tempero. Feito isso, misture com farinha de milho e um pouco de dendê. Coloque em um alguidar de barro e leve a uma encruzilhada aberta junto a um champanhe e uma garrafa de cachaça. Abra as bebidas e vire um pouco no chão em forma de cruz, uma de cada lado da oferenda. Acenda as sete velas vermelhas e pretas e ofereça à Pomba-Gira cigana e ao Exu tiriri ou os de sua preferência. Faça os pedidos e retire-se.

Pomba-Gira do Tempo

- Uma pomba qualquer cor – menos preta
- Uma vela branca
- Uma caixa de fósforos
- Um vidro pequeno de mel
- Um vidro pequeno de azeite de dendê

Vá numa segunda-feira a uma encruzilhada e leve uma pomba qualquer cor, menos preta. Leve também uma vela branca, uma caixa de fósforos, um vidro pequeno de azeite de dendê e um vidro pequeno de mel. Acenda a vela, mostre a pomba aos quatro cantos da encruzilhada segurando-a pelas asas abertas. Chame pela Pomba-Gira do tempo, ofereça a pomba a ela e peça que resolva o seu problema o mais rápido possível. Após ter a solução, leve uma oferenda bonita com tudo que é de Pomba-Gira (peça sete vezes). Coloque um pouco de mel e um pouco de dendê por cima da pomba. Solte-a. O restante do mel e do dendê fica aberto ao lado da vela.

Pomba-Gira das almas

- Carne bovina moída
- Carne suína moída
- Tutano bovino
- Farinha de milho
- Um vidro de dendê
- Um vidro de mel
- Três velas (vermelha, branca e preta)
- Uma caixa de fósforos
- Nove cigarros
- Uma garrafa de champanhe
- Três pedaços de papel de seda (vermelho, preto e branco)

Para destrancar algo que está trancado há tempos, vá a uma encruzilhada próxima ao cemitério e leve três padês para a Pomba-Gira das almas. Um padê (carne bovina moída misturada com farinha de milho e dendê), um padê (tutano bovino misturado com farinha de milho e dendê), outro padê (carne suína moída misturada com farinha de milho e dendê), três velas branca, vermelha e preta (uma de cada cor), uma caixa de fósforos, uma garrafa de champanhe e nove cigarros. Coloque os três padês em forma de triângulo por cima de cada pedaço de papel de seda branco, vermelho e preto. Abra a garrafa de champanhe e circule os padês virando um pouco no chão. Coloque a garrafa ao centro do triângulo. Acenda as velas por fora de tudo, também em forma de triângulo, acenda os cigarros e coloque-os em volta da caixa de fósforos, ao lado do champanhe. Ofereça à Pomba-Gira das almas e faça o seu pedido.

Troca para Saúde (Pomba-Gira)

- Milho de galinha torrado e bem escuro
- Papel de seda – vermelho e preto

- Sete velas – vermelha e preta
- Milho de pipoca
- Sete varas de marmelo
- Uma garrafa de champanhe
- Sete cigarrilhas
- Sete rosas vermelhas
- Uma caixa de fósforos
- Um vidro de dendê
- Um vidro de mel
- Uma roupa velha da pessoa para vestir na hora do ritual

Passe na pessoa, em frente ao assentamento de Pomba-Gira, no mato ou encruzilhada: um milho torrado bem escuro enrolado em papel de seda vermelho e preto, sete velas vermelha e preta, pipoca enrolada em papel de seda vermelho e preto, sete varas de marmelo, uma garrafa de champanhe e sete cigarrilhas e, por último, as rosas. Após, a pessoa deve tirar a roupa velha usada por cima da roupa normal e ela mesma deve passar a roupa por todo o corpo e depois rasga-la e pisotea-la sobre ela pedindo que se destrua todo o mal. Feito isso, coloque-a junto aos pacotes abertos no chão. Quem estiver fazendo o serviço deve acender as velas, quebrar as varas de marmelo e depois derramar um vidro de dendê e mel por cima de tudo chamando a Pomba-Gira.

Limpeza de Casa (Pomba-Gira)

- Dois quilos de milho de galinha
- Um pacote de milho de pipoca
- Papel de seda – vermelho e preto
- Sete velas – vermelha e preta
- Sete charutos
- Um bife de carne bovina
- Sete varas de marmelo

- Uma garrafa de champanhe
- Um vidro de azeite de dendê
- Um vidro de mel
- Uma caixa de fósforos

Ao se aproximar os últimos dias do ano ou qualquer época e você desejar fazer uma limpeza na sua casa ou escritório para descarregar, faça o seguinte:

Compre dois quilos de milho de galinha, escolha o milho tirando os quebrados e as sujeiras, torre até ficar bem escuro. Coloque dentro de um saco plástico junto com um pouco de pipoca, enrole tudo em um papel de seda vermelho e preto junto com sete velas vermelha e preta, sete charutos, um bife de carne bovina. Pegue sete varas de marmelo, uma garrafa de champanhe.

Para facilitar o trabalho, junte tudo em uma sacola, menos as varas e a champanhe, e passe primeiramente nas pessoas e depois na casa toda, principalmente nas paredes dos cantos chamando todo o povo de Pomba-Gira. Se preferir use alguem para ajuda-lo a pasar as varas e a champanhe na casa.

Despache em um cruzeiro de terra, afastado da cidade e de residências. Abra o champanhe, acenda as velas, quebre as varas de marmelo e derrame o vidro de dendê e mel por cima de tudo. Não esqueça que antes de fazer a entrega deve saudar o povo da encruzilhada. Ao voltar para casa, tome um banho de descarga.

Fartura – Negócios – Emprego (Pomba-Gira Alteza)

- Arroz
- Couve
- Linguiça
- Moedas
- Ovo cozido
- Alguidar de barro

- Sete velas branca e preta
- Uma caixa de fósforos

Faça um arroz com couve e linguiça em rodelas, bem temperado. Coloque em um alguidar de barro ou bandeja de papelão e enfeite com sete rodelas de ovo cozido e sete moedas. Leve a um cruzeiro mais próximo do cemitério, acenda sete velas brancas e pretas ao redor da oferenda e ofereça à Pomba-Gira alteza fazendo seus pedidos.

Esta oferenda pode ser feita às outras Pombas-Gira, porém troque o lugar da entrega e a cor das velas.

Ex: Pomba-Gira da encruzilhada, na encruzilhada. E as velas devem ser vermelhas e pretas.

Para feridas difíceis de serem curadas

- Um bife
- Dendê
- Farinha de mandioca

Passe um bife de carne bovina com bastante dendê no local afetado. Logo após, envolva-o na farinha de mandioca crua e coloque numa vasilha em frente ao Assentamento de Pomba-Gira. Vele o bife todos os dias até secar bem. Vire-o também. Depois, despache numa rua bem movimentada. Se você não possuir Assentamento, faça tudo igual, mas despache direto no meio da rua oferecendo à Pomba-Gira de sua preferência.

Para trancar algo

- Uma garrafa de champanhe
- Sete tipos de pimenta
- Linha preta e vermelha

Uma garrafa de champanhe, um papel com o nome da pessoa (ou o que deseja) escrito sete vezes. Coloque sete tipos de pimenta por cima, enrole como se fosse um cigarro e cubra-o totalmente enrolando linha preta e vermelha. Coloque dentro da garrafa de champanhe e feche. Depois leve tudo num cruzeiro de pedra e ofereça à Pomba-Gira de sua preferência. Faça os pedidos, vire de costas, atire a garrafa para cima e vá embora sem olhar para trás. Caso a garrafa não estoure, volte e repita tudo quantas vezes forem necessárias, até a garrafa quebrar.

Para atrair dinheiro (Pomba-Gira cigana)

- Uma bandeja
- Papel de seda (branco, vermelho e preto)
- Arroz com leite
- Canela em pó
- Sete moedas
- Sete velas (branca, vermelha e preta)
- Uma caixa de fósforos
- Uma rosa vermelha

Leve sob uma figueira: uma bandeja enfeitada de papel branco, preto e vermelho, arroz com leite pulverizado com canela em pó. Crave sete moedas, coloque a rosa no meio e acenda sete velas, três vermelhas uma preta e três brancas. Ofereça à Pomba-Gira cigana e peça para abrir os caminhos nos negócios, dinheiro, trabalho, prosperidade etc.

Para melhoria financeira em sua casa

- Terra do cruzeiro
- Lixo de casa
- Sete folhas de jornais velhos

- Sete moedas
- Mel
- Vela de sete dias – vermelha e preta

Só pode ser feito por pessoas que tenham Assentamento em casa.

Vá a um cruzeiro bem movimentado numa segunda-feira pela manhã, de preferência que contenha bancos e lojas comerciais e apanhe sete punhados pequenos de terra. Ao voltar para casa, varra-a, apanhe um pouco do lixo varrido, misture com a terra do cruzeiro e coloque em cima de sete folhas de jornais. Depois, crave sete moedas e coloque mel por cima de tudo. Vele no Assentamento de Pomba-Gira por 14 horas e devolva ao cruzeiro movimentado.

Oferenda ao povo de rua para abrir caminhos

- Sete balas de mel
- Sete moedas

Segunda-feira: escolha uma rua reta, bem movimentada, com lojas, bancos, supermercados etc. que tenha sete cruzeiros abertos. Escolha os sete cruzeiros e faça uma caminhada. Deixe do primeiro ao sétimo uma bala de mel e uma moeda oferecendo e pedindo a todo o povo da rua que abram seus caminhos. Não volte pela mesma rua.

Para o seu marido ou sua mulher enjoar do(a) amante

- Dois corações de galinha
- Vinte e um alfinetes de cabeça
- Um vidro de boca larga
- Sete féis de galinha
- Sete pimentas da costa
- Um pouco de óleo de rícino
- Um pouco de óleo de mamona

Escreva os nomes das pessoas que você deseja separar em dois pedaços de papel. Coloque cada um dentro dos corações, una-os e espete os vinte e um alfinetes de forma a prendê-los. Diga:

"Assim como estou espetando esses corações, que esses alfinetes espetem o coração de fulano (a)."

Coloque dentro do vidro e acrescente os féis de galinha, as pimentas da costa, o óleo de rícino, o óleo de mamona e tampe bem. Leve a uma encruzilhada e entregue à Pomba-Gira de sua preferência. Enterre e faça os pedidos. Acenda uma vela vermelha e preta por cima. Saúde o povo da encruzilhada.

Encanto de Maria Padilha para fazer seu amor ficar cada vez mais apaixonado

- Uma travessa de louça branca
- Vinte e um corações de galinha
- Vinte e um morangos
- Vinte e uma velas vermelhas
- Mel de abelhas
- Azeite de oliva
- Pétalas de rosas vermelhas
- Perfume
- Champanhe
- Sete cigarros
- Sete caixas de fósforos

Escreva o nome do seu pretendente em vinte e um pedaços de papel e ponha cada um dentro de cada coração. Coloque-os dentro da travessa e, ao lado, acrescente os morangos. Regue com o mel e azeite de oliva e enfeite com pétalas de rosas. Entregue numa encruzilhada aberta, de terra, não muito movimentada e rodeie com as velas. Peça que Maria Padilha aproxime o seu amor cada vez mais de você. Borrife o perfume por cima e ao redor do presente. Abra o champanhe, coloque um pouco no presente e deixe a garrafa na frente. Acenda os sete cigarros e coloque-os em cima das caixas de fósforos. Esta oferenda pode ser feita à Pomba-Gira da encruzilhada.

Sacudimento de Pomba-Gira

- Sete bolos pequenos de farinha de mesa com água (cru)
- Sete acaçás brancos (maizena cozida na água até firmar)
- Sete moedas
- Sete ovos crus
- Sete velas – vermelha e preta

Passe cada elemento no corpo da pessoa de uma só vez e vá a uma encruzilhada pedir que Pomba-Gira afaste toda perturbação que venha pelo lado de Egun. Coloque tudo em cima de um papel de seda vermelho e um preto e ofereça às Pombas-Gira.

Abertura de caminhos com Pomba-Gira sete encruzilhadas

- Sete moedas iguais
- Sete rosas vermelhas
- Sete cigarrilhas
- Uma garrafa de champanhe
- Mel de abelhas
- Um vidro de água de flor de laranjeira
- 1m de morim vermelho ou papel de seda
- Sete velas – vermelha e preta
- Sete caixas de fósforos

Numa encruzilhada, passe o morim no corpo da pessoa e estique-o no chão. Passe também o restante do material. Acenda as cigarrilhas e faça o pedido. A seguir, disponha as rosas sobre o morim e jogue a água de flor de laranjeira por cima. Regue a oferenda com mel de abelhas. Por fim, coloque as moedas, acenda as velas e peça à Pomba-Gira que abra os seus caminhos. Deixe as cigarrilhas acesas por cima das caixas de fósforos. Esta oferenda pode ser feita a qualquer Pomba-Gira que não seja de almas.

Ebó para esquecer

- Folhas de dormideira verde
- Uma cabeça de cera (homem ou mulher)
- Um alguidar
- Um miolo de boi
- Um vidro de óleo de rícino
- Um pacote de algodão
- Sete vezes o nome da pessoa escrito

Coloque o miolo na mão com o nome da pessoa dentro e converse com a Pomba-Gira. Envolva o miolo com as folhas e depois enrole com algodão. Introduza-o na cabeça de cera, regando com bastante óleo de rícino. Este trabalho deve ser colocado em frente ao Assentamento de Pomba-Gira e velado por sete dias com velas brancas. Decorrido esse prazo, despache em um mato fechado. Não esqueça que trabalhos só podem ser feitos por pessoas responsáveis. Esta oferenda pode ser feita a qualquer Pomba-Gira da encruzilhada e das almas

Oferenda para agradar Pomba-Gira e fazer um pedido

- Farinha de milho
- Mel de abelhas
- Sete docinhos (Mariola)
- Sete moedinhas
- Sete velas – vermelha e preta

- Um alguidar médio
- Uma caixa de fósforos
- Sete cigarros

Lave o alguidar. Em seguida, coloque a farinha com mel de abelhas com os dedos (misturando). Faça os pedidos. Ao terminar, decore com os docinhos e, por cima de cada um coloque uma moeda. Acenda as sete velas e cigarros ao redor da oferenda. Coloque no seu Assentamento de Pomba-Gira ou leve em uma encruzilhada aberta para a Pomba-Gira de sua preferência.

Para afastar as perturbações materiais e espirituais
- Farinha de mesa
- Azeite de dendê
- Sete moedas
- Sete pregos
- ½ m de fita branca
- Uma vela vermelha e preta
- Uma caixa de fósforos

Faça um padê com a farinha e o azeite de dendê e passe na pessoa. A seguir, passe também o restante do material. Por último, a fita, que depois de passada, deve ser esticada sobre o padê. Deixe as moedas e os pregos em volta do padê com a vela acesa e peça à Pomba-Gira que livre a sua vida de todas as perturbações. Esta oferenda pode ser feita no Assentamento ou na encruzilhada para qualquer Pomba-Gira.

Para conseguir emprego
- Um alguidar
- Três velas – vermelha e preta
- Mel de abelhas

- Farinha de mesa
- Uma cebola
- Uma garrafa de champanhe
- Um cigarro longo
- Uma caixa de fósforos
- Um vidro de dendê
- 1m de morim vermelho (ou papel de seda)
- Pó de banco (poeira do piso de um banco comercial)

Faça um padê de dois lados: um lado com dendê e outro com mel. Coloque o pó de banco no centro. Enfeite o padê com rodelas de cebola numa encruzilhada e, para obter sucesso, acenda as velas em forma de triângulo.

Este padê deve ficar dentro do alguidar sobre o morim, antes passado no corpo da pessoa para afastar toda a falta de sorte em todos os sentidos. Acenda o cigarro e saúde Pomba-Gira. Diga:

Kobá, Laroiê Pomba-Gira, a Mojubá, Laroiê Pomba-Gira!

Esta oferenda é feita sob a Lua Crescente e pode ser feita a qualquer Pomba-Gira da encruzilhada.

Abertura de Caminhos (Pomba-Gira sete encruzilhadas)

- Sete ovos crus
- Sete velas – vermelha e preta
- Sete moedas
- Sete padês de mel
- Sete folhas de mamona
- Sete caixas de fósforos

Percorra sete encruzilhadas deixando em cada, uma vela acesa, um ovo, uma moeda e um padê (farinha com mel), sobre a folha de mamona. Faça os pedidos até a sétima encruzilhada. Ao voltar para casa, tome um banho de ervas do ombro para baixo e acenda uma vela para o Anjo da Guarda. Esta abertura de caminho pode ser feita a qualquer Pomba-Gira de encruzilhada. Não volte pela mesma rua.

Oferenda à Pomba-Gira para assuntos difíceis

- Um alguidar grande
- Um quilo de farinha de mesa: mandioca ou milho
- Azeite de dendê
- Mel de abelhas
- Água e bebida (que contenha álcool, de preferência cachaça)
- Sete acaçás enrolados – folha de bananeira ou mamona
- Sete moedas do mesmo valor
- Sete bolos de farinha
- Sete bolos de arroz
- Sete velas – vermelha e preta
- Sete cigarros
- Uma caixa de fósforos
- Uma garrafa de champanhe

Faça as quatro farofas (dendê, mel, água e bebida – farinha separadamente) num alguidar e coloque uma ao lado da outra. Coloque uma moeda em cada acaçá. Depois, coloque os bolos de farinha e os de arroz, tudo em forma de círculo. Acenda as velas ao redor, os cigarros e coloque-os juntos aos fósforos, também em forma de círculo, com a parte acesa para fora e a caixa aberta no meio do alguidar. Com a aguardente, salve os quatro cantos do alguidar e coloque a garrafa ao lado.

Acaçá: é feito da mistura de água e maizena (amido de milho). Leve ao fogo e mexa até ficar bem consistente, deixe esfriar e corte em cubos de aproximadamente 4 cm. Esta oferenda pode ser feita à Pomba-Gira de sua preferência.

Oferenda para Maria Padilha

- Farinha crua
- Azeite de dendê
- Camarões
- Cebolas
- Sete rosas vermelhas
- Sete cigarros
- Sete fósforos
- Sete azeitonas pretas ou verdes
- Uma garrafa de champanhe
- Um bife de carne verde
- Um alguidar grande
- Sete velas – vermelha e preta

Faça um padê de dendê com camarões e farinha e coloque no alguidar. Ponha um bife passado no dendê no centro e, por cima, as rodelas de cebola e azeitonas. Enfeite com as rosas vermelhas. Coloque os cigarros acesos por cima das caixas de fósforos abertas. Acenda as velas em volta de tudo e faça os pedidos oferecendo champanhe. Arrie em uma encruzilhada. Esta oferenda pode ser feita a qualquer Pomba-Gira.

Farofa do amor (Pomba-Gira)

- Uma maçã vermelha
- Três colheres de sopa de manteiga sem sal
- Um vidro de mel de abelhas
- Sete rosas vermelhas sem espinhos
- Sete velas vermelhas

- 3,50m de fita vermelha
- Um quilo de farinha de mesa
- Uma caixa de fósforos

Pique a maçã em cubinhos e frite na manteiga. Faça uma farofa de mel de abelhas e farinha de mesa acrescentando a maçã picadinha. Lave o alguidar e coloque a farofa. Para guarnecer, é necessário que as rosas tenham sido cortadas. Deixe o cabinho. Faça o pedido escrito em sete pedaços de papel, prendendo cada um numa rosa com pedaço de fita formando um laço no cabinho e cercando a volta do alguidar. Acenda as velas em louvor à Pomba-Gira Maria Padilha. Arrie num Assentamento ou leve a uma encruzilhada.

Para abrir caminhos que foram fechados por trabalhos

- Três ovos de casca escura
- Um cartucho de pólvora
- Uma vela branca
- Uma caixa de fósforos

Vá a um cemitério. Passe os três ovos no corpo, um de cada vez, do pescoço para baixo, de costas para o cemitério. Atire-os para trás, para dentro do cemitério. Peça ao seu acompanhante para fazer o ponto de pólvora, que faça um círculo que não seja completamente fechado – abertura para dentro do cemitério. Quando a pólvora estiver pegando fogo, dê sete pulos para cima e passe as mãos pelo corpo como se estivesse limpando. Acenda a vela branca e ofereça-a a Ogum Megê. Saia de costas.

Este trabalho pode ser feito em qualquer dia, exceto no sábado, das 7h às 00h. Ao voltar para casa, tome um banho da erva abre-caminho e se vista com roupa clara. Não saia mais na rua nesse dia.

Evandro Mendonça

Puxado para casa ou comércio

- Sete balas de mel
- Sete moedas

Conte seis cruzeiros saindo de sua casa. No sexto, deixe uma bala de mel e uma moeda corrente. Volte para o quinto e deixe uma mesma coisa, assim continuamente, até chegar ao primeiro de sua casa, por último, na sua casa, dentro do pátio, em um verde. Quando estiver voltando, peça ao povo da rua tudo de bom, dinheiro, negócios, saúde, prosperidade etc.

Obs.: Essas oferendas e trabalhos podem ser feitos todas no seu Assentamento, independente para qual Pomba-Gira ou Exu é destinado. Ou então direto nos lugares adequados às Pombas-Gira e Exus.

Alguns nomes de Pombas-Gira

Pomba-Gira Alteza
Pomba-Gira Cartomante
Pomba-Gira Carvoeira
Pomba-Gira Cemitério
Pomba-Gira Cigana
Pomba-Gira Cigana do Baralho
Pomba-Gira Cigana do Pandeiro
Pomba-Gira Colomina do Cabaré
Pomba-Gira Cremilda
Pomba-Gira da Bahia
Pomba-Gira da Calunga
Pomba-Gira da Estrada
Pomba-Gira da Noite
Pomba-Gira da Poeira
Pomba-Gira da Porteira

Pomba-Gira da Praia

Pomba-Gira Dama da Estrada

Pomba-Gira Dama da Noite

Pomba-Gira das Almas

Pomba-Gira das Matas

Pomba-Gira das Pedras

Pomba-Gira das Rosas

Pomba-Gira das Ruas

Pomba-Gira Demandeira

Pomba-Gira do Amor

Pomba-Gira do Cruzeiro das Almas

Pomba-Gira do Fogo

Pomba-Gira do Forno

Pomba-Gira do Lago

Pomba-Gira do Oriente

Pomba-Gira do Pandeiro

Pomba-Gira do tempo

Pomba-Gira dos ventos

Pomba-Gira Gire

Pomba-Gira Guerreira

Pomba-Gira Imperial

Pomba-Gira Madalena

Pomba-Gira Maria Benzedeira

Pomba-Gira Maria Bonita

Pomba-Gira Maria Clotilde

Pomba-Gira Maria da Candelária

Pomba-Gira Maria da Praia

Pomba-Gira Maria das Almas

Pomba-Gira Maria Mulambo

Pomba-Gira Maria Mulambo da Boca do Lixo

Pomba-Gira Maria Mulambo da Figueira

Evandro Mendonça

Pomba-Gira Maria Mulambo do Cemitério
Pomba-Gira Maria Padilha
Pomba-Gira Maria Padilha da estrada
Pomba-Gira Maria Padilha das Almas
Pomba-Gira Maria Padilha do cemitério
Pomba-Gira Maria Padilha do Cruzeiro
Pomba-Gira Maria Quitéria
Pomba-Gira Maria Quitéria da Calunga
Pomba-Gira Maria Quitéria do cruzeiro
Pomba-Gira Menina
Pomba-Gira Menina da Praia
Pomba-Gira Menina das almas
Pomba-Gira Menina do Cruzeiro
Pomba-Gira Mirongueira
Pomba-Gira Mocinha
Pomba-Gira Pagã
Pomba-Gira Pequenina
Pomba-Gira Quebra Galho
Pomba-Gira Quiromante
Pomba-Gira Rainha
Pomba-Gira Rainha das Almas
Pomba-Gira Rainha das Rainhas
Pomba-Gira Rainha do Cemitério
Pomba-Gira Rainha sete Encruzilhadas
Pomba-Gira Rosa Caveira
Pomba-Gira Rosa dos Ventos
Pomba-Gira Rosa Negra
Pomba-Gira Rosa Vermelha
Pomba-Gira Rosinha
Pomba-Gira Sedutora
Pomba-Gira Senhorita

Pomba-Gira sete Alcovas
Pomba-Gira sete Calungas
Pomba-Gira sete Campas
Pomba-Gira sete Capas
Pomba-Gira sete Catacumbas
Pomba-Gira sete Caveiras
Pomba-Gira sete Chaves
Pomba-Gira sete Covas
Pomba-Gira sete Encruzilhadas
Pomba-Gira sete Estradas
Pomba-Gira sete Facas
Pomba-Gira sete Garfos
Pomba-Gira sete Navalhas
Pomba-Gira sete Porteiras
Pomba-Gira sete Rosas
Pomba-Gira sete Saias

Segunda Parte

Assentamento com Ervas

Assentamento de Pomba-Gira com ervas

Todo e qualquer tipo de Assentamento (Ponto de Força) deve ser feito sob a Lua Crescente, Nova ou Cheia. Nunca sob a Lua Minguante, nem com o tempo chuvoso. Quem for dirigir o ritual de Assentamento não pode estar irritado, nervoso, agitado, ter ingerido bebida alcoólica, participado de enterro ou velório nos últimos sete dias, não deve ter praticado sexo nas últimas 24 horas. Se for mulher, não pode estar no período menstrual. Em relação ao ingerir bebida alcoólica, caso seja a Entidade a dirigir o ritual de Assentamento, essa sim pode beber.

Quem for dirigir o ritual deve tomar um banho de descarga antes de começar o ritual e levar uma cachaça e um champanhe em uma encruzilhada, deve abri-los e virar um pouco de cada no chão. Deve levar também dois charutos ou dois cigarros – deixando acesos. Uma vela vermelha e preta também deixando acesa. Deve oferecer tudo aos Exus e Pombas-Gira.

Verá aqui como se faz um assentamento básico com a imagem de sua Pomba-Gira feita de gesso, que é a mais fácil de ser encontrada.

Alguns elementos utilizados: alguidar, quartinhas, oferendas, ervas, galinhas, etc.

Falando de energias: como existem energias positivas, também existem as negativas. Uma não vive sem a outra. O mesmo acontece com o Assentamento de Pomba-Gira (Ponto de Força). Não existe Assentamento de Pomba-Gira sem também assentar junto um Exu, ou vice-versa. Os dois juntos se completam, um não vive sem o outro. São dois companheiros inseparáveis. Sempre que for assentar uma Pomba-Gira, assente junto um Exu.

Ex.: Pomba-Gira de Cruzeiro, Exu de Cruzeiro, Pomba-Gira de Alma, Exu de Alma, Pomba-Gira de Mato, Exu de Mato, Pomba--Gira de Praia, Exu de Praia, assim sucessivamente.

Assentamento

1. Sete, quatorze ou vinte e um tipos diferentes de ervas de Pomba-Gira (pequena quantia de cada).

2. Três ou sete tipos de diferentes de bebida alcoólica.

3. Um vidro pequeno de perfume (pode ser de uso).

4. Um pote pequeno de mel.

5. Um vidro pequeno de azeite de dendê.

6. Uma lata de Ori (comprar nas floras de Umbanda).

7. Uma ou oito ponteiras de ferro ou aço.

8. Um garfo de Pomba-Gira (em forma arredondada, com três pontas).

9. Três porretes de Cambuí do Mato ou Vara de Marmelo, fino de mais ou menos 15 cm de comprimento.

10. Uma chave.

11. 77 cm de corrente de aço.

12. Sete moedas antigas ou atuais.

13. Sete búzios pequenos abertos (se não conseguir comprá-los aberto abra-os na parte de cima arredondada com uma faca

de cerra cerrando-os em forma arredondada, ou gaste numa pedra áspera até aparecer uma semente de dentro).

14. Um ponto riscado feito em ferro, que pode ser usado como cabala da sua Pomba-Gira, ou da Pomba-Gira que você escolher.

15. Sete esferas de aço. (tipo bola de gude).

16. Uma quartinha vermelha em cima e preta em baixo, ou a critério de sua Entidade.

17. Uma panela de ferro, de barro ou alguidar médio.

18. Uma imagem de gesso da sua Pomba-Gira de 20 cm, ou da Pomba-Gira que você escolher.

19. Um guia de Pomba-Gira vermelha e preta ou a critério de sua entidade.

20. Um punhal ou uma faca boa de lâmina e ponta fina, que será destinada à Pomba-Gira.

21. Uma sineta pequena.

22. Um pires de louça (pode ser de uso doméstico – qualquer cor).

23. Um castiçal de barro ou de metal.

24. Uma taça de vidro para servir à Pomba-Gira.

25. Um punhado pequeno de terra do cruzeiro.

26. Um punhado pequeno de terra do cemitério.

27. Um punhado pequeno de terra do mato.

28. Um punhado pequeno de terra do da praia ou mar.

29. Um punhado grande de terra de sua residência.

30. Pó de tijolo (ralar um pedaço de tijolo).

31. Pó de carvão (ralar um pedaço de carvão).

32. Pó de cinzas de fogão à lenha.

33. Pó de enxofre.

34. Um frasco pequeno de pimenta em pó.

35. Um alguidar ou bandeja forrada com papel vermelho e preto, ou com folha de mamoneiro contendo milho de galinha torrado escuro, pipoca, sete batatas inglesas pequenas assadas e uma maçã, todas colocadas em cima, em forma de círculo.

36. Um ecó (vasilha pequena com água, sete punhados pequenos de farinha de milho, mel e perfume).

37. Algumas frutas.

38. Uma vela de sete dias – vermelha e preta.

39. Uma bacia média para ralar as ervas (pode ser de seu uso doméstico).

40. Uma pedra áspera (pedaço).

41. Um pedaço de pano branco ou vermelho pequeno ou tela fina para coar as ervas.

42. Dois litros de água pura.

43. Um pedaço de pano branco ou vermelho para secar os materiais.

44. Uma toalha, pano ou plástico para estender no chão e servir como mesa.

45. Uma bacia média ou grande que caiba dentro da casa da Pomba-Gira (pode ser de seu uso doméstico).

As terras, pós, pimenta, alguidar, bandeja com os ingredientes, serão usados no final do terceiro dia, na concretização do Assentamento. O ponto riscado que serve como cabala da Pomba-Gira deve ser feito em um serralheiro. Os materiais podem ser encontrados na natureza ou em casas especializadas. Não deixe que a terra do cemitério entre na sua casa. E se não encontrar algum item, não há problema, ponha mais adiante no mesmo Assentamento. É importante que a Pomba-Gira tenha acesso a todos os lugares e não só aonde ela pertence. Para isso, é boa a utilização de vários tipos de terra.

De posse de todo o material, já com a casa de Pomba-Gira pronta e com o seu plantio feito, vamos em frente:

Acenda dentro da casa de Pomba-Gira a vela de sete dias e peça clareza e tudo de bom para o Assentamento. Em seguida, coloque as ervas escolhidas dentro de uma bacia, despeje mais ou menos dois litros de água quente (chiada) em cima das ervas. Nunca use água fervendo, pode anular os elementos químicos. Use água pura (mineral sem gás, chuva, rio ou poço), deixe em fusão e espere esfriar um pouco para poder manusear as ervas. Macere (ralar) bem as ervas com as mãos e, em seguida, macere (ralar) usando uma pedra áspera para tirar melhor aproveitamento das ervas. Feito tudo isso, espere mais ou menos uma hora e coe o líquido com um pedaço de pano branco ou vermelho ou uma tela fina, separando os resíduos das ervas raladas do líquido e despachando-os na rua. Em seguida, coloque dentro de uma vasilha (bacia média ou grande) que caiba dentro da casa da Pomba-Gira. Dentro da bacia, todos os materiais necessários para o Assentamento, com exceção da imagem de gesso, que não deve ficar de molho junto ao material. Acrescente um pouco de perfume e um copo de cada bebida de álcool escolhida. Misture. Está pronto. Aguarde até a hora de ser usado.

Lave todo o material a ser usado no Assentamento com sabão neutro, coco ou da costa. Serve para tirar resíduos de energias de pessoas ou casas de comércios de onde foram adquiridos (panela ou alguidar, imagem, quartinha, guia de exu, punhal ou faca, copo, pires, ponteiras, moedas, garfo, porrete de cambuí ou marmelo, chave, corrente, búzios, ponto riscado considerado cabala, esferas de aço, sineta, castiçal, enfim, todos os materiais a serem usados). Em seguida, seque-os com um pano branco ou vermelho. Isso tudo pode ser feito dentro de casa. Depois de secar todo o material, leve tudo para frente da casa da Pomba-Gira e coloque uma toalha ou um plástico no chão para servir de mesa. Abra a casa dela, chame a Entidade pelo nome, saúde-a e peça novamente clareza, força e muita luz para o seu Assentamento.

Já com a casa aberta e com a vela acesa pegue a bacia, que já deve estar com o líquido dentro pronto para ser usado, e coloque-a em cima da mesa improvisada. Em seguida, comece a lavar todo o material a ser utilizado no Assentamento, um por um. Deixe-os dentro da bacia de molho no mieró (Amaci), com exceção da imagem de gesso e o pires.

Faça isso devagar, com firmeza e peça tudo de bom para sua vida. Coloque a bacia com todo o material dentro da casa da Pomba-Gira, empurre-a para o fundo da casa e coloque a imagem de Pomba-Gira sem secar em cima do pires, de pé em frente à bacia (deixando a que seque naturalmente). A vela deve ficar acesa na frente da imagem. Feche a porta da casa e deixe tudo dentro durante três dias seguidos, sempre com a vela acesa. Durante os três dias, vá à casa de Pomba-Gira pelas primeiras horas da manhã, abra a porta e pegue a sineta que está dentro da bacia. Pegue-a e bata chamando pela Entidade ali Assentada. Faça os pedidos.

Coloque a sineta de volta, feche a porta e está pronto. Repita tudo igual no final da tarde, e assim sucessivamente durante três dias. Toda vez que for à casa da Pomba-Gira pela manhã e pela tarde, antes de pegar a sineta, pegue a imagem de gesso e banhe novamente no Mieró (Amaci) da bacia. Coloque sem secar novamente, em pé no pires, em frente à bacia. Repita esse banho na imagem durante os três dias pela manhã e tarde.

As pessoas que fizerem parte deste ritual (de casa ou convidados) podem incorporar seus Exus e Pombas-Gira para confirmar e dar mais força espiritual à Entidade (Pomba-Gira) e ao Assentamento. Se preferir, pode ser feito o plantio e a lavagem do material no mesmo dia. Entretanto, o Assentamento só será concretizado no terceiro dia após as lavagens do material. Se quiser, complete tudo com uma gira no terceiro dia de concretização do Assentamento (gira comum ou festa). Se preferir, faça tudo em silêncio.

Passado os três dias, ao final da tarde, comece a concretização do seu Assentamento.

Arme a mesa no chão com a toalha em frente à casa da Pomba-Gira. Retire a imagem da Pomba-Gira, o pires e a bacia de dentro da casa e coloque em cima da mesa improvisada. Retire item por item de dentro da bacia e seque-os um por um, com o mesmo pano que foi usado anteriormente. Pegue uma vasilha que caibam todos os tipos de terra, pós e pimentas e coloque-os dentro, misturando tudo bem misturado. Pegue a panela ou alguidar escolhido para o Assentamento e encha-o com essas terras já misturadas, socando-as com as mãos para ficar bem firme.

Agora imante todos os materiais a serem usados com banha de ori, óleo de dendê, mel (imagem, ponteiras, garfo, porrete, chave, corrente, moeda, búzios, ponto riscado que serve como cabala, esferas, quartinha, punhal, sineta):

1. Espalhe um pouco de banha de Ori nas mãos e passe-as já engraxadas em todos os materiais citados anteriormente deixando-os bem engraxados (espalhe a banha de Ori nas mãos pelo menos duas vezes durante o processo).

2. Espalhe um pouco de óleo de dendê nas mãos e passe-as em todos os materiais imantados com a banha de Ori (espalhe o óleo de dendê nas mãos pelo menos duas vezes durante o processo).

3. Espalhe um pouco de mel nas mãos e passe-as em todos os materiais imantados com a banha de Ori e o óleo de dendê (espalhe uma vez o mel nas mãos. A Pomba-Gira não é muito de mel).

4. A cada nova imantação com banha de Ori, óleo de dendê e mel comece sempre pela imagem para que fique bem imantada.

5. O castiçal, o copo e o resto do material não citado acima não são imantados e estão prontos para serem usados.

6. A guia de Pomba-Gira deve ser imantada somente com banha de Ori e está pronta para ser usada.

Com todo material imantado e em cima da mesa improvisada, comece a montagem do seu Assentamento. Pegue a bacia reservada com o Mieró (Amaci), pegue a panela ou alguidar pronto com as terras e pós e umedeça um pouco colocando um ou dois copos pequenos do Mieró dentro da panela ou alguidar, umedecendo as terras. Faça bem devagar para não criar buracos na terra socada. Vire o líquido na mão deixando-o cair dentro da panela ou alguidar suavemente para não fazer buracos (cuidado para não umedecer muito). Umedeça, não muito, o mesmo pano que foi usado para secar o material anteriormente e passe por dentro da casa da Pomba-Gira. Depois de passado o pano, o resto do líquido e o pano usado podem ser despachados juntos no fundo do pátio (terreno ou na rua, de preferência no mesmo dia).

Próximo passo: pegue a panela ou alguidar escolhido para o Assentamento, com as terras, pós, umedecido com o Mieró.

1. Enterre as sete ponteiras em círculo na beira da panela ou alguidar dividindo o espaço para enterrá-las com as pontas para cima. Enterre-as um pouco as deixando caídas, deitadas para o lado de fora. Se você estiver fazendo o Assentamento somente com uma ponteira, essa deve ficar reservada. Comece pelo item 2.

2. Coloque as sete moedas deitadas com o número para cima. Em círculo, na beira da panela, entre os vãos de uma ponteira e outra, isso se estiver usando as sete ponteiras. Caso contrário distribua as modas, dividindo o espaço ao redor.

3. Coloque um búzio com a parte aberta para baixo em cima de cada uma das moedas. (parte aberta é aquela que você abre com uma faca/serra ou gasta numa pedra áspera).

4. Coloque as seis esferas entre os vãos das ponteiras ou moedas na beira da panela ou alguidar.

5. Coloque a imagem de pé no centro da panela ou alguidar.

6. Na frente da imagem enterre a chave com a parte de abertura para cima e para frente (mais ou menos a metade da chave).

7. No lado esquerdo e direito da chave, não muito próximo, enterre o primeiro e o segundo porrete de cambuí ou marmelo, mais ou menos a metade. O terceiro porrete deve ser enterrado atrás das costas da imagem, entre a imagem e a lateral na panela ou alguidar (ficando os porretes em forma de triângulo e a imagem no meio).

8. No lado direito, bem próximo à imagem, enterre o garfo da Pomba-Gira (crave o suficiente para ficar firme, em pé com as pontas para cima). Do lado esquerdo, bem próximo à imagem, enterre a ponteira – crave o suficiente para ficar bem firme, em pé com a ponta para cima.

9. Dobre a corrente pela metade, segure as duas pontas, uma em cada mão, e distribua em círculo na beira da panela ou alguidar por cima das moedas, búzios, esferas. Comece pela parte de trás e controle para que termine as duas pontas da corrente na frente, sem fechar o círculo. Deixe mais ou menos uns quatro cm de abertura.

10. Feito isso, pegue o ponto riscado feito em ferro que serve como cabala da Pomba-Gira, que deve ter a parte baixa mais comprida e enterre atrás da imagem.

11. Vire um pouco de óleo de dendê e mel por cima de tudo. Mais dendê do que mel. Está pronto.

12. Pegue essa panela ou alguidar e coloque dentro da casa da Pomba-Gira, na parte do assoalho, no fundo da casa. Deve haver uma elevação de mais ou menos 20 cm acima do assoalho onde deve ser colocada a panela ou alguidar com o Assentamento da Pomba-Gira. O assentamento não pode em hipótese alguma ficar no mesmo nível do assoalho. Se a casa tiver mais uma prateleira do meio para cima da casa, essa deve ser usada para colocar os pacotes de velas, fósforos, garrafas de bebidas, cigarros e charutos da Pomba-Gira.

13. Pegue a quartinha, encha de água e coloque junto com a panela ou alguidar com o Assentamento ou no assoalho da casa.

14. Encha a taça com champanhe, uísque ou bebida que for servir à Pomba-Gira e coloque junto ao Assentamento ou no assoalho da casa.

15. Crave o punhal ou faca num dos lados, na parte de dentro da casa, no assoalho, se a casa for de madeira. Ponha com o fio do punhal ou faca de frente para rua. Se a casa for de alvenaria, use uma pequena tábua para cravar o punhal, sempre com o fio virado para rua.

16. Troque o castiçal improvisado com o que vai ser usado na casa da Pomba-Gira.

17. Coloque a sineta na casa da Pomba-Gira. A guia você pode usar quando quiser.

18. Coloque o Ecó, alguidar ou bandeja com as oferendas dentro da casa da Pomba-Gira e espalhe tudo de forma que fique bonito. De um lado, as oferendas. Do outro, o Ecó. Depois, as frutas. E assim sucessivamente ficando tudo na frente da Pomba-Gira.

Cuide para que a vela fique na frente, em frente à porta, e a faca, num dos lados, do meio para o fundo da casa.

19. Se optar pelo plantio na casa da Pomba-Gira, o batizado deve ter sido feito. Caso contrário faça-o como ensinado anteriormente. Jogue perfume em cima de tudo, pegue a sineta e bata. Chame Pomba-Gira e peça tudo de bom. Largue a sineta e feche a porta com fechadura ou cadeado. Está pronto o seu Assentamento.

As oferendas, ecó, frutas, copo com bebida colocadas na feitura do Assentamento, por serem as primeiras, devem ser despachadas no sétimo dia sem falta, contando os três dias de cruzamento no Mieró, na rua, completando assim definitivamente o seu Assentamento.

Alguidar de oferenda, vasilhas de Ecó e copos de bebidas, quando despachados retornam para casa para serem completados e usados novamente.

Quanto ao reforço do Assentamento: deve ser feito ano a ano. Use a data da feitura como aniversário. Faça o reforço uns dias antes ou uns dias depois, sem interferir. Porém, não esqueça o dia certo do aniversário para acender uma vela e oferecer alguma oferenda como presente à Pomba-Gira.

O reforço deve ser feito da seguinte forma:

Reforço anual do Assentamento da Pomba-Gira com ervas

1. Escolha umas ervas de Exu 7, 14, 21 e prepare o Mieró como ensinado anteriormente.

2. Coe e coloque em uma vasilha pequena (bacia).

3. Acrescente algumas gotas de perfume e um copo de cada bebida alcoólica.

4. Acenda uma vela vermelha preta na casa de Pomba-Gira.

5. Coloque a bacia dentro da casa. Não deve ter nenhuma oferenda dentro. Se tiver, despache-as.

6. Retire a imagem de cima da panela ou alguidar do Assentamento e dê um banho suavemente com o Mieró da bacia. Coloque-a de pé, em cima de um pires, no lado da bacia (sem secar). Não mexa no restante do Assentamento, que está na panela ou no alguidar. (ponteiras, garfo, cabala, moeda, búzios e correntes)

7. Pegue um copo pequeno e encha com o Mieró. Vire suavemente na panela ou alguidar do Assentamento.

8. Coloque o punhal ou faca, a guia, sineta e quartinha de molho na bacia do Mieró. Deixe por três dias. (primeiro despache a água da quartinha na rua antes de colocá-la de molho)

9. Vá à casa da Pomba-Gira durante os três dias nas primeiras horas da manhã, pegue a sineta da bacia e faça uma chamada pedindo tudo de bom. Coloque a sineta de volta na bacia, de molho. Pegue a imagem de cima do pires e dê um banho no Mieró. Coloque-a de volta, em cima do pires, para secar. Repita tudo isso durante três dias pela manhã e à tarde, após o pôr-do-sol. Ou à noite, se preferir. Porém, o copo com Mieró só deve ser colocado no Assentamento uma vez ao dia. Apenas pela manhã. À tarde, não. O resto é igual.

10. Após os três dias de reforço, final do terceiro dia, após a última lavagem da imagem e chamada da Pomba-Gira, depois do pôr-do-sol, ou à noite, se preferir, retire o material de molho no Mieró e despache-o na rua. Agora sim você pode secar a imagem e os materiais que estavam de molho no Mieró. (use um pano vermelho ou branco)

11. Após a secagem do material, faça a imantação da seguinte forma: passe a banha de Ori na palma das mãos e passe-as na imagem e nos materiais que estavam de molho deixando-os bem engraxados.

12. Passe o óleo de dendê na palma das mãos e passe-as na imagem e nos materiais agora imantados com a banha de Ori.

13. Passe mel na palma das mãos, não muito, e passe-as mãos na imagem e nos materiais agora imantados com banha de Ori e óleo de dendê. Está pronto. A guia da Pomba-Gira só deve ser imantada com banha de Ori.

14. Após tudo imantado, coloque a imagem de volta, por cima da panela ou alguidar do Assentamento e despeje um pouco de óleo de dendê por cima de tudo, inclusive da imagem. Também um pouco de mel por cima de tudo. No entanto, ponha mais óleo de dendê do que mel. (Pomba-Gira não é muito do mel).

15. Coloque a faca no lugar, coloque água na quartinha e coloque no lugar. O mesmo com a sineta. A guia está pronta para o uso. Jogue um pouco de perfume por cima de tudo.

16. Coloque um ecó, frutas e uma oferenda para a Pomba-Gira. Bata a sineta e peça tudo que quiser: negócios, saúde, felicidade para você e sua família.

O reforço anual do Assentamento com ervas é obrigatório sob pena de perder a imantação, que tem uma duração de mais ou menos um ano. A partir daí, o Assentamento corre o risco de enfraquecer e até mesmo perder o valor.

Como cuidar da sua Pomba-Gira daqui para frente

A. Mantenha na casa da Pomba-Gira uma vela de sete dias vermelha e preta acesa. Ou acenda uma comum todos os dias. Ou apenas às vezes. (Na falta da vela de cor, pode ser branca. E se a sua casa da Pomba-Gira tiver a lâmpada vermelha, acenda-a durante todas as noites, pelo menos um pouco para energisar ainda mais o Assentamento.)

B. Mantenha a taça sempre com alguma bebida e troque-a despachando na rua, em frente à sua casa ou, se preferir, na encruzilhada, a mais ou menos de 7 a 14 dias colocando bebida nova – de preferência as segundas ou sextas-feiras, não obrigatoriamente. Nunca despache nada quando estiver chovendo e, a cada vez que acender uma vela, trocar bebidas ou colocar oferendas. Pegue a sineta, bata e faça uma chamada fazendo os seus pedidos.

C. Tenha um Ecó na casa da Pomba-Gira.

D. Mantenha uma vasilha com milho de galinha escolhido, torrado, escuro e milho pipoca estourado dentro dela. Em cima, uma maçã. Troque-a cada 14 dias e, ao fazer, despache-a na rua, numa encruzilhada.

E. Se alguém da sua família tiver algum problema, peça que acenda uma vela na casa da Pomba-Gira.

F. Como agora você tem Assentamento de Pomba-Gira pode fazer qualquer trabalho, ritual, magia e oferenda (para o bem), para si ou para alguém que necessitar. Pode arriar (colocar) na casa de Pomba-Gira deixando ali mais ou menos sete dias. Despache numa encruzilhada.

G. Pomba-Gira não é diabo e nem demônio. Pomba-Gira não é espírito atrasado, ao contrário: Pomba-Gira é um espírito em evolução e por isso é nosso amigo. Amigo de nossos filhos e de nossa família. Pomba-Gira só quer ajudar. A Pomba-Gira verdadeira, ao contrário do que dizem, gosta de crianças, mulheres, das pessoas e do mundo. É assim que conseguimos despertar a fé nas crianças. É importante que no futuro tenham uma religião ou acreditem em alguma coisa. E é assim que conseguimos que as pessoas fracas de espírito, sem fé, acreditem em alguma coisa.

H. Se alguém da sua família, pai, mãe, filho (a), esposa, irmão, tiver algum problema, mandem-nos acender uma vela na casa de Pomba-Gira e pedir que ela ajude a resolver. Tenho certeza que será atendido. E isso despertará a sua fé interior.

I. *"Criança não pode chegar perto da casa de Pomba-Gira."* Pode sim. É só ensinar a chegar com respeito, educação e fé. Com certeza a criança também terá seus caminhos abertos pela Pomba-Gira.

J. Não existe assentamento de Pomba-Gira sem assentar junto um Exu. Quando você for assentar a sua Pomba-Gira adquira o Livro Exu e Seus Assentamentos (com ervas e aves). O ritual é praticamente o mesmo. Só são acrescentado algumas coisas e alguns itens.

Terceira Parte

Assentamento com Aves

Assentamento de Pomba-Gira com Aves

Assentamentos de Pomba-Gira com Aves começa exatamente aonde termina o Assentamento de Pomba-Gira com ervas, do reforço anual do Assentamento com ervas.

Você pode no momento da feitura do Assentamento com ervas, ou do reforço anual, fazer a feitura com aves oferecendo no Assentamento uma pomba ou uma galinha na cores da Pomba-Gira que foram citadas anteriormente. Não esqueça que no momento que oferecemos aves no Assentamento de Pomba-Gira, esse não receberá mais ervas em hipótese alguma. O reforço será feito, a partir daí, com Aves. O processo de Assentamento com aves é todo igual ao Assentamento com ervas. No entanto, a partir de certo ponto acrescentamos coisas a mais referente às aves.

Obs.: Se você optar pelo Assentamento com aves e for usar uma pomba use-a na primeira vez. Nas próximas, procure usar a galinha, sem perder o costume de usar a pomba de vez em quando.

Material Necessário:
- Uma pomba com os pés e o bico lavados (limpo e seco)
- Mel
- Óleo de dendê

130 Ұ *Pomba-Gira e seus Assentamentos* Ұ

- Dois pires
- Perfume
- Uma vasilha pequena contendo a metade de água
- Punhal ou faca (a mesma do Assentamento)

Volte à parte final do Assentamento com ervas, no ponto em que colocou o óleo de dendê e o mel por cima de tudo. Próximo passo:

1. Após colocar o dendê e o mel, depois do material imantado com banha de ori, óleo de dendê, e mel, coloque a panela ou alguidar na frente da porta da casa da Pomba-Gira, no chão, improvisando uma mesa com uma toalha ou plástico. Junto, a quartinha e a sineta. Coloque o punhal ou a faca da Pomba--Gira deitada na panela ou alguidar, nos pés da imagem. Bata a sineta saudando Pomba-Gira.

2. Pegue a pomba com o bico e pés lavados e, com uma colher pequena, coloque um pouco de mel dentro do bico.

3. Pegue a pomba pelas asas e abra-as com o peito da pomba para frente, com as costas dela virada para você.

4. Levante-a com as asas abertas em direção aos quatro pontos cardeais e saúde Pomba-Gira, que está sendo assentada. Depois, mostre a pomba às pessoas presentes pedindo "Agô" (licença). Elas devem responder "Agoiê" (licença concedida).

5. Leve a pomba para baixo, na mesma posição, para a panela ou alguidar.

6. Agarre a pomba com uma mão; agora a pomba com as asas fechadas, na mesma posição (peito virado para o Assentamento e costas viradas para você). Com a outra, pegue o pescoço dela com o dedo polegar e indicador e ache uma junta.

7. Aperte os dedos desnucando e destacando a cabeça da pomba. Deixe o sangue (Axorô Menga) cair em cima do Assentamento.

Evandro Mendonça 131

8. Destaque a cabeça e com a mesma rapidez e mão que usou, volte e segure o pescoço puxando o couro para trás, para jorrar o sangue (Axorô Menga). Seja rápido e deixe o sangue cair por cima de todo o Assentamento.

9. Menos na quartinha e na sineta. Você deve passar a cabeça da pomba nelas sujando-as de sangue.

10. A pomba não pode sofrer em hipótese alguma. Se precisar, use o joelho da perna junto com a mão.

11. Outra maneira de você segurar a pomba é com as asas abertas e levantadas para cima. Enfie a mão aberta por baixo das asas, bem para frente, e segure-as com o polegar e o indicador. Leve a mão o máximo que puder para frente, segurando as asas no tronco – assim os outros dedos podem ajudar a firmar mais o pescoço na hora de destacar a cabeça. O resto é igual.

12. Após jorrar todo o sangue em cima do Assentamento, coloque a cabeça da pomba na frente da imagem, na beirada da panela ou alguidar, de frente pra você.

13. Pegue a pomba e lave o pescoço na vasilha com água, que deve estar ao lado do Assentamento, em cima da mesa improvisada.

14. Destaque sete penas de cada asa da pomba e coloque sete em cada lado, uma ao lado da outra, na beira da panela ou alguidar do Assentamento. Crave-as o mínimo possível, somente para ficar em pé.

15. Destaque três penas da cola e crave o mínimo possível na parte de trás, na beira da panela ou alguidar, atrás da imagem.

16. Pegue a pomba e, com uma faca de cozinha, destaque as pernas na junta e coloque-as na frente do Assentamento, uma de cada lado da cabeça da pomba, deitadas com a parte destacada para dentro e os pés para frente, um pouco para fora da panela ou alguidar, com as palmas dos pés para baixo.

17. Destaque algumas penas do peito da pomba e espalhe em cima do Assentamento. Dos lados, as penas das asas. Na frente, a cabeça e os pés. Atrás, as penas da cola. No meio, a imagem. É como se você estivesse montando a pomba. O corpo é o Assentamento.

18. Pegue a panela ou alguidar do Assentamento e coloque dentro da casa da Pomba-Gira. Faça o mesmo com a quartinha, (com água) e sineta. Coloque o Ecó, as frutas e oferendas, pulverize perfume por cima de tudo, bata novamente a sineta saudando Pomba-Gira e feche a porta. Está pronto.

19. Despache a água da vasilha que foi usada para lavar o pescoço da pomba na frente de sua casa, do lado de fora do portão.
Obs.: Sempre que manusear a pomba não a deixe com os pés virados para a rua. E quando for oferecer mais de uma pomba juntas para a Pomba-Gira, ao invés de tirar sete penas de cada asa, tire sete penas de uma asa de cada pomba, independente de quantas for. O restante do ritual segue tudo igual. Não esqueça de lavar os pés e o bico da pomba antes do ritual.

20. Para finalizar a primeira etapa, recolha a mesa provisória e tudo que ainda estiver na frente da casa da Pomba-Gira, levando-a direto para a cozinha.

21. Depene-a sem molhar, sapeque-a no fogo para queimar algumas penas e plumas novas. Lave-a e abra.

22. Pegue uma faca de cozinha bem afiada e uma tábua de cortar carne. Corte a ponta do pescoço e as pontas das duas asas da pomba e reserve-as.

23. Risque o couro cortando no sentido horizontal acima do peito, próximo ao pescoço da pomba e tire a goela e o papo, puxando-os com os dedos.

24. Abra a pomba com a ponta da faca riscando o couro do peito para baixo, no sentido vertical.

25. Introduza os dedos das mãos com cuidado e tire todas as vísceras da pomba.

26. Separe e coloque junto com a ponta do pescoço e pontas das asas: coração, fígado e moela devidamente aberta e limpa. E ovos, se tiverem.

27. As penas da pomba juntamente com as vísceras (buxadas, tripas, pulmões, etc.) podem ser enterradas no fundo do pátio ou despachadas no mato ou encruzilhada.

28. Quanto à pomba, depois de lavada novamente, tempere com óleo de dendê e tempero a gosto, inclusive pimenta. Coloque para assar no forno do fogão (cuidado para não assar demais).

29. Quanto às vísceras: coloque-as numa frigideira e acrescente gotas de óleo dendê, leve ao fogo baixo e frite-os. Mexa com uma colher de madeira deixando-os mal passados.

30. Coloque a pomba num pires com as costas para cima e as vísceras em outro: coração, fígado e moela no meio. A ponta de uma asa de cada lado e o pescoço na frente e os ovos (se tiver) atrás.

31. Pegue os dois pires e coloque dentro da casa da Pomba-Gira com os pescoços de frente para a porta da casa da Pomba-Gira. Saúde-a novamente.

32. Deixe na casa da Pomba-Gira por quatro dias com velas acesas. Vá diariamente pelas primeiras horas da manhã ou no final do dia, ou à noite, se preferir. Bata a sineta e faça uma chamada à Pomba-Gira. Peça tudo de bom para você e para sua família. *Obs.: Em hipótese alguma use faca para sacrificar uma pomba dentro da religião, seja para Caboclo, Exu, Preto-Velhos, Orixás, etc. A pomba é sagrada, pertence a Oxalá e representa o divino espírito santo e santíssima trindade. Quando for sacrificar uma pomba para uma entidade, use as mãos.*

Levantação

No final do quarto dia, à tardinha ou à noite, se preferir, vá à casa da Pomba-Gira com uma bacia:

1. Coloque a pomba assada, as vísceras e as oferendas dentro da bacia, sem as vasilhas. Tire as penas, a cabeça, os pés.

2. Pegue frutas, mais ou menos umas seis e pique-as com uma faca de cozinha, como se fosse para uma salada de frutas com cascas. Coloque na bacia, por cima de tudo. Se tiver mais frutas, deixe-as na casa da Pomba-Gira até ficarem velhas. Depois, despache-as.

3. Coloque óleo de dendê, mel e perfume por cima de tudo. Se tiver alguns cravos vermelhos ou rosas vermelhas, destaque as pétalas e coloque por cima. (não é obrigatório)

4. Deixe a faca cravada no lugar, bata a sineta e faça os pedidos de coisas boas. Feche a casa da Pomba-Gira mantendo por sete dias uma vela acesa.

5. Pegue a bacia e leve para uma encruzilhada afastada da cidade ou de residência, forre o chão com folha de mamona ou papel de seda nas cores da Pomba-Gira e vire tudo em cima.

6. Deixe uma vela branca e comum acesa do lado para clarear a obrigação. Volte para casa. Está tudo encerrado.

7. Se preferir, leve tudo para o mato ou praia, faça um buraco, forre e enterre. Forre embaixo e em cima para colocar a terra. Deixe a vela branca acesa por cima.

8. Se você mora em casa própria e quiser usar ou plantar a primeira obrigação feita à Pomba-Gira como segurança de sua casa, é ótimo. Faça um buraco ao lado da casa da Pomba-Gira ou atrás, na frente ou no fundo do pátio, forre com folha de mamoneiro ou papel de seda, coloque o conteúdo da bacia,

forre novamente em cima e cubra com a terra. Tape bem. Se tiver animais em casa, coloque uma tábua ou lata em cima para evitar que o buraco seja destapado.

9. Está terminada a obrigação de pomba à Pomba-Gira. Daqui para frente é só cuidar, trabalhar e viver a vida com mais saúde, tranquilidade e segurança ao lado do seu Assentamento.

Feitura com aves usando uma galinha

Material Necessário:

- Uma galinha com os pés e o bico lavados
- Mel
- Óleo de dendê
- Pires
- Perfume
- Uma vasilha pequena contendo a metade de água
- Uma faca nova bem lavada com sabão e sem uso (não é a mesma do Assentamento)
- Dois pratos fundos – qualquer cor
- Uma moeda – qualquer valor
- Uma fatia de pão

Volte à parte final do Assentamento com ervas, no ponto em que colocou o óleo de dendê e mel por cima de tudo. Próximo passo:

1. Após colocar o dendê e o mel por cima de tudo – depois do material imantado com banha do ori, óleo de dendê, e mel – coloque a panela ou alguidar na frente da porta da casa da Pomba-Gira, no chão, improvisando uma mesa com uma toalha ou plástico. Ao lado, o prato fundo com a moeda, fatia de pão, quartinha, guia e, dentro, a sineta. Coloque o punhal ou

a faca da Pomba-Gira deitada em cima da panela ou alguidar nos pés da imagem do Assentamento e bata a sineta saudando Pomba-Gira.

2. Pegue a galinha e, com uma colher, coloque um pouco de mel dentro do bico.

3. Peça a alguém de sua confiança que segure a galinha de um modo que uma das suas mãos entre por baixo das asas segurando as duas juntas. (a palma da mão deve ficar virada para as asas). Com a outra mão segure os pés.

4. A galinha deve ficar com o peito virado para frente, de frente para a panela ou alguidar do Assentamento, e as costas virada para a pessoa que está segurando.

5. Quem for realizar o ritual deve pegar a faca nova, passar um pouco de mel na lâmina, erguê-la em direção às pessoas presentes e pedir "Agô" (licença). Elas devem responder "Agoiê" (licença concedida).

6. A cabeça da galinha deve ser pega com uma mão e levada em direção ao Assentamento. A outra mão deve introduzir a faca no pescoço, bem próximo à cabeça, sangrando-a. (Não é para degolar, nem cortar o couro do pescoço. Espete a faca entre o pescoço e o couro, até sangrar).

7. Após introduzir a faca, faça com que jorre sangue.

8. Enquanto isso acontece, não mexa muito na faca. Só faça quando o sangue parara de jorrar, assim terá um melhor aproveitamento. Deixe o sangue cair por cima de todo o Assentamento, principalmente em cima da imagem, da faca e do prato que está do lado, com a quartinha, sineta, pão e moeda dentro.

9. Tenha o cuidado de dividir o sangue jorrado entre o Assentamento e o prato. Procure circular para que não caia no mesmo lugar e sim em cima de tudo.

10. A galinha não pode sofrer, nem bater asas em hipótese alguma.

11. Force a faca até romper totalmente o osso do pescoço, sem destacá-lo totalmente. Deixe a cabeça presa em uma parte do couro e arranque-a com as mãos.

12. Coloque a cabeça na frente da imagem, na beirada da panela ou alguidar, de frente para você, de frente à porta da casa da Pomba-Gira.

13. Pegue a galinha e lave o pescoço na vasilha com água, que deve estar do lado do Assentamento, em cima da mesa improvisada.

14. Destaque sete penas de cada asa da galinha e coloque sete em cada lado, uma do lado da outra, na beira da panela ou alguidar do assentamento, cravando-as o mínimo possível, somente para ficar em pé.

15. Destaque três penas da cola e crave o mínimo possível na parte de trás, na beira da panela ou alguidar, atrás da imagem.

16. Pegue a galinha e, com a faca nova que você usou para o ritual, destaque as pernas na junta e coloque-as na frente do Assentamento, uma a cada lado da cabeça, deitadas, com a parte que foi destacada para dentro e com os pés para frente, um pouco para fora da panela ou alguidar, com a palma dos pés para baixo. Deixe a faca cravada em pé, dentro da casa, com o fio virado para a rua.

17. Destaque algumas penas do peito da galinha e espalhe em cima do Assentamento. Dos lados, as penas das asas. Na frente, a cabeça e os pés. Atrás, a penas da cola. E, no meio, a imagem. É como se você estivesse montando a galinha. O corpo é o Assentamento. Coloque algumas penas em cima do prato.

18. Pegue a panela ou alguidar do Assentamento e coloque no seu devido lugar, dentro da casa da Pomba-Gira. Coloque o prato, ecó, frutas e oferendas. Pulverize perfume por cima de tudo e feche a porta da casa. Está pronto.

19. Despache a água da vasilha que foi usada para lavar o pescoço da galinha na frente de sua casa, do lado de fora do portão.

Obs.: Sempre que manusear a galinha para tirar as penas, se ela estiver em cima da mesa improvisada esperando para tal fim, não a deixe com os pés virados para a rua. Quando for oferecer mais de uma galinha juntas para a Pomba-Gira no seu Assentamento, ao invés de tirar sete penas de cada asa, tire apenas sete penas de uma asa de cada galinha, independente de quantas for. O restante do ritual segue igual. Não esqueça de lavar os pés e o bico da galinha antes do ritual.

20. Recolha a mesa provisória e tudo que ainda estiver na frente da casa da Pomba-Gira e leve a galinha à cozinha.

21. Depene-a com água quente e sapeque no fogo para queimar algumas penas e plumas novas. Lave-a e abra.

22. Pegue uma faca de cozinha bem afiada e uma tábua de cortar carne, corte a ponta do pescoço e as pontas das duas asas da galinha e reserve-as.

23. Risque o couro, cortando no sentido horizontal acima do peito, próximo ao pescoço e tire a goela e o papo puxando-os com os dedos, rente o peito.

24. Abra a galinha com a ponta da faca riscando o couro do peito para baixo, no sentido vertical.

25. Introduza os dedos das mãos e tire todas as vísceras.

26. Coloque junto à ponta do pescoço as pontas das asas: coração, fígado e moela devidamente aberta e limpa. Ovos se tiverem.

27. As penas da galinha e as vísceras podem ser enterradas no fundo do pátio ou despachadas no mato ou encruzilhada.

28. Quanto à galinha, depois de lavada, tempere com óleo de dendê e tempero a gosto, inclusive pimenta. Asse-a no forno.

29. Quanto às vísceras: ponta do pescoço, ponta das asas, coração, fígado, moela e os ovos, se tiver, devem ser colocados numa frigideira e acrescentados gotas de óleo dendê. Leve ao fogo baixo e frite-os. Mexa com uma colher de madeira deixando--os mal passados.

30. Coloque as vísceras no pires: coração, fígado e moela no meio, a ponta de uma asa de cada lado e o pescoço na frente. Os ovos (se tiver) atrás. Coloque a galinha assada no prato fundo com o peito para baixo.

31. Pegue o pires e o prato e coloque dentro da casa da Pomba-Gira com os pescoços de frente para a porta. Saúde-a novamente.

32. Deixe tudo na casa da Pomba-Gira por quatro dias com velas acesas. Vá diariamente, nas primeiras horas da manhã ou no final do dia, ou à noite, se preferir, e faça uma chamada à Pomba-Gira (sem sineta) pedindo tudo de bom para você e para sua família.

Obs.: Se preferir desmonte a galinha em partes pequenas, tempere-a a seu gosto, inclusive com pimenta, e asse-a ou cozinhe. Enfarofe a seu gosto ou sirva no prato, cozida sem enfarofar, junto com um pirão feito com farinha de mandioca. (sirva o pirão, caldo, galinha). Sirva um pedaço à Pomba-Gira no Assentamento (frio ou morno) e depois às pessoas que participaram do ritual de Assentamento. Sirva num prato, porém as pessoas devem comer com as mãos, sem talher e de pé. As pessoas devem pegar o prato apenas na primeira servida e mostrar às pessoas presentes, de uma vez só, para todos. Devem pedir Agô. Eles devem responder Agoiê. Ao final, junte os ossos e as sobras e dê para um animal comer, despache no cruzeiro ou enterre no seu pátio.

Levantação

No final do quarto dia, à tardinha ou à noite se preferir, vá à casa da Pomba-Gira com uma bacia:

1. Coloque a galinha assada dentro da bacia. Recolha as vísceras, oferendas sem as vasilhas, penas, todas sem deixar nenhuma, cabeça, pés. Ponha tudo na bacia. Tire a quartinha, sineta do prato e vire o que restou na bacia. Coloque a faca que usou para fazer o ritual dentro da bacia. Deixe a outra faca, que estava dentro da panela ou alguidar sendo consagrada à Pomba-Gira, cravada dentro da casa, com o fio para rua.

2. Pegue algumas frutas, mais ou menos umas seis e pique-as com uma faca de cozinha, como se fosse para uma salada de frutas com cascas e coloque por cima de tudo. Se tiver mais frutas, deixe-as na casa da Pomba-Gira até ficarem velhas. Depois, despache-as.

3. Coloque óleo de dendê, mel e perfume por cima. Se tiver alguns cravos vermelhos ou rosas vermelhas, destaque as pétalas e coloque por cima. (não é obrigatório).

4. Limpe com um pano molhado a quartinha, guia, sineta e coloque nos lugares (quartinha com água). Bata a sineta, faça os pedidos e feche a casa da Pomba-Gira mantendo uma vela acesa por sete dias.

5. Pegue a bacia e leve para uma encruzilhada afastada da cidade ou de residência. Lá escolha o local e crave a faca com a ponta para baixo enterrando ao máximo possível. Forre o chão por cima da faca com folha de mamona ou papel de seda nas cores da Pomba-Gira e vire tudo por cima.

6. Deixe uma vela branca acesa ao lado para clarear a obrigação. Volte para casa. Está tudo encerrado.

7. Se preferir, leve tudo para o mato ou praia, faça um buraco, forre e enterre. Forre embaixo e em cima para colocar a terra. Deixe a vela branca acesa – a faca pode ficar junta à obrigação, cravada, não precisando ficar totalmente enterrada.

8. Se você mora em casa própria e quiser usar, plantar a primeira obrigação feita à Pomba-Gira, ótimo. Faça um buraco no lado da casa da Pomba-Gira ou atrás, na frente ou no fundo do pátio de sua casa, forre com folha de mamoneiro ou papel de seda, coloque o conteúdo da bacia, ponha a faca cravada em cima bem ao meio, com o fio virado para rua, forre novamente e cubra com a terra. Tape bem o buraco. Se tiver animais em casa, coloque uma tábua por cima para evitar que o buraco seja destapado.

9. Está terminada a obrigação. Daqui para frente é só cuidar, trabalhar e viver a vida com mais saúde, tranquilidade e segurança.
   Obs.: Nas próximas obrigações, você não precisará de outra faca. Daqui para frente só usará a faca da Pomba-Gira que foi consagrada a ela com ervas e sangue.

Reforço anual do Assentamento da Pomba-Gira com aves (pombas – galinhas)

Reforce o seu Assentamento todos os anos, seja ele feito com ervas ou aves. Com ervas, o processo já foi apresentado. Porém o reforço com quaisquer tipos de aves é tudo igual, independente da ave. E o processo é igual ao Assentamento com qualquer tipo de ave. Repita anualmente todo o processo igual à primeira vez. Partindo sempre do momento em você coloca óleo de dendê e o mel por cima de tudo o que pode mudar é você usar mais de uma ave mesmo assim o processo será o mesmo.

Obs.: O reforço anual do Assentamento com ervas e aves é obrigatório sob pena de perder a imantação. A partir daí, o Assentamento corre o risco de enfraquecer e até mesmo de perder o valor.

Quarta Parte

Assentamento com Aves consideradas meio quatro Pés

Esses tipos de aves (Peru-fêmea, Angolista-fêmea), são considerados meio quatro pés porque são aves de maior valor as entidades, por sua força e consistência espiritual.

O uso delas no assentamento de Pomba Gira faz com que o mesmo se torne mais forte e com uma maior durabilidade (imantação). Podendo ser reforçado de dois em dois anos, o que não impede de ser ano a ano, nem de após oferecer aves consideradas meio quatro pés, voltar no próximo reforço ou ano seguinte, oferecer aves comuns (pomba, galinha) sem problema algum. Respeitando sempre o tempo de duração da imantação.

Aves comuns (pomba, galinha) um ano. Aves consideradas meio quatro pés (peru, angolista-fêmea) dois anos.

Os assentamentos com esses tipos de aves (peru-fêmea, angolista-fêmea) ou animais de quatro pés (cabrita, leitoa ou até mesmo uma vaca nova) por possuírem maior quantidade de sangue (axorô, Menga), você deve dividi-lo na hora do corte, deixando cair á maior parte do mesmo no prato, alguidar ou bacia que está o pão e a moeda, para não ensanguentar muito o assentamento que na hora da levantação, não será mexido (limpo).

Ψ *Pomba-Gira e seus Assentamentos* Ψ

A faca usada para o sacrifício será a faca da Pomba Gira, que já foi consagrada a mesma com ervas e aves. Não precisando mais de uma faca nova para realizar o sacrifício. A imagem de gesso da Pomba Gira que acompanha o seu Assentamento até esse momento (se for o caso), você não só pode como deve trocá-la nesse momento por um Ocutá de Pomba Gira, Mineral de Pomba Gira ou por uma imagem de Pomba Gira ou vulto confeccionado de ferro, cobre ou bronze.

Trocar a imagem de gesso da Pomba Gira não significa despachá-la ou se desfazer dela. Você pode deixá-la junto ao lado do Assentamento ou em algum lugar qualquer dentro da casa da Pomba Gira. Caso a imagem esteja muito feia (detenhorada) pelo tempo e você desejar despachar ou até mesmo trocar por outra não tem problema algum. Apenas despache num lugar adequado a Pomba Gira.

Material necessário:

- Um peru-fêmea ou angolista-fêmea (coquem) com os pés e o bico lavados (Limpo)
- Um Ocutá de Pomba Gira, Mineral da Pomba Gira ou vulto feminino confeccionado de ferro, cobre, bronze ou madeira
- Mel
- Óleo de dendê
- Um pires
- Perfume
- Uma vasilha pequena contendo a metade de água
- Um prato fundo qualquer cor ou alguidar médio
- Uma moeda qualquer valor
- Uma fatia de pão
- Uma travessa ou prato que caiba o peru ou a angolista assado (se for o caso)

Ψ *Evandro Mendonça* Ψ

Assentamentos

Estamos no ponto em que depois colocamos um pouco de óleo de dendê e um pouco de mel por cima do Assentamento depois dele estar devidamente montado pela feitura anterior.

Próximo passo: Siga exatamente fazendo tudo igual como foi ensinado anteriormente nos itens de <u>um ao trinta e dois</u> na (*feitura com aves usando uma galinha)*. Trocando apenas a galinha pelo peru ou angolista fêmea e algumas modificações nos itens: 1, 5, 8, 16 e 30.

1. Após colocarmos o óleo dendê e o mel por cima de tudo o Assentamento, depois do restante do material ter sido imantado com banha de ori, óleo de dendê, e mel. Coloque a panela ou alguidar na frente da porta da casa da Pomba Gira, no chão. Improvise uma mesa com uma toalha ou plástico, do lado, o prato fundo ou alguidar médio com a moeda, fatia de pão, quartinha, guia, e a sineta, devidamente imantado por dentro. Bata a sineta saudando a Pomba Gira e coloque novamente no prato.

5. Pegue o obé (faca) da Pomba Gira e passe um pouco de mel na lamina. Erga-a em direção as pessoas presentes e peça "agô" (licença). Elas devem responder "agoiê" (licença concedida).

8. Enquanto isso acontece procure não mexer muito o obé, (faca) e volte a mexer e forçá-la somente quando parar de jorrar o axorô (sangue). Assim terá um melhor aproveitamento. Deixe o axorô cair por cima de todo o assentamento, principalmente em cima do prato ou alguidar que esta do lado com a quartinha, sineta, guia, pão e moeda dentro. O prato ou alguidar deve receber a maior quantia de axorô.

16. Após, pegue o peru ou angolista fêmea, e com uma faca de cozinha, destaque (cortar) as pernas na junta e coloque-as na frente do assentamento, uma de cada lado da cabeça do peru ou angolista fêmea, deitadas com a parte que foi destacada

Pomba-Gira e seus Assentamentos

(junta) para dentro e os pés para frente, um pouco para fora da panela ou alguidar, com a palma dos pés para baixo. Deixe o obé da Pomba Gira cravada em pé dentro da casa com o fio virado para rua.

30. Após esfriar, coloque as vísceras no pires assim: coração, fígado e moela no meio, a ponta de uma asa de cada lado e o pescoço na frente e os ovos (se tiver) atrás. Se você optou por assar a ave inteira. Coloque o peru ou angolista fêmea assado numa travessa ou prato fundo com o peito para baixo.

Levantação

O processo de levantação do assentamento, ou do reforço do assentamento da Pomba Gira, usando aves consideradas meio quatro pés (peru, angolista fêmea), é todo igual do começo ao fim do item 1 ao 9 citados anteriormente na feitura do assentamento usados como exemplo aves comuns (pomba, galinha).

Devido a essas aves possuírem maior quantidade de sangue (axorô,menga), o que você pode mudar não obrigatoriamente é:

Se estiver muito calor você pode levantar a obrigação com três dias, embora o certo seja quatro dias, evitando assim que a mesma estrague na frente da Pomba Gira, além de evitar também os maus cheiros devido ao calor e até mesmo, vermes e larvas astrais contaminando o seu assentamento. O resto segue tudo igual.

Reforço do Assentamento da Pomba Gira com Aves consideradas meio quatro Pés (peru-fêmea, angolista-fêmea)

A cada dois anos você deve reforçar o seu assentamento, (ponto de força), feito com aves, (peru ou angolista-fêmea).

O reforço com quaisquer tipos de aves é tudo igual, independente das aves, e o processo do reforço é igual ao assentamento com quaisquer tipos de aves como foi ensinado anteriormente, o que pode mudar é você usar mais de uma ave, e mesmo assim o processo será o mesmo.

Então, sempre que você for reforçar seu assentamento, repita todo o processo igual de quando você o assentou com as mesmas aves pela primeira vez.

Obs.: O reforço do assentamento com aves consideradas meio quatro pés, é obrigatório sob pena de perder a imantação que tem uma duração de mais ou menos dois anos. A partir daí, o assentamento corre o risco de enfraquecer e até mesmo perder o valor.

Quinta Parte

Assentamentos com Animais de quatro Pés

O assentamento com animais de quatro pés é considerado bem mais potente do que os que são feitos com aves, devido á força do animal e por sua consistência espiritual perante as Entidades. Ou seja, são animais considerados de maior valor para as Entidades.

Esse assentamento é um pouco mais complicado de se fazer, você vai precisar de um pouco mais de materiais, além dos que já foram citados no assentamento com aves. E também de no mínimo mais umas cinco pessoas para ajudarem na hora do ritual do corte para a Pomba Gira.

Ensinarei abaixo como fazer um assentamento da Pomba Gira com animais de quatro pés, usando como exemplo uma cabrita e uma galinha que é o mais usado pelo povo de Umbanda e sua Linha de Esquerda.

Para isso você vai precisar de uma pessoa que saiba Corear a cabrita (tirar o couro).

O que não impede de você usar uma leitoa, (porca), ou uma vaca nova, e também trocar a galinha por uma pomba.

Não esquecendo que, seja qual for o animal de quatro pés oferecido a Pomba Gira no seu assentamento. O mesmo deve ser sempre acompanhado de aves podendo ser (pomba, galinha, peru ou angolista-fêmea), no mínimo uma para cada animal de quatro pés.

Outro ponto muito importante é você saber que esses animais de quatro pés possuem uma quantia bem maior de sangue (axorô, menga).

Portanto na hora do corte, você ou a sua Entidade se for o caso, deve ter o Maximo de cuidado possível, controlando e dividindo o axorô tanto da ave quanto da cabrita, para que caia a maior parte do axorô no alguidar, ou bacia média com uma moeda e uma fatia de pão dentro, destinado para tal fim.

Deixando cair mais ou menos 80% do axorô no alguidar ou bacia média. E mais ou menos 20% dividindo entre o Assentamento da Pomba Gira e o prato fundo com os materiais imantados (moeda, fatia de pão, guia, quartinha, sineta).

O assentamento da Pomba Gira e o prato fundo com seus pertences deve receber a quantia mínima de sangue citado a cima. Somente para marcá-los, alimentá-los e imantá-los com sangue (axorô, menga). Evitando também que uma maior quantidade de axorô, apodreça sobre o Assentamento da Pomba Gira, que na hora da levantação não será mexido nem limpo.

Evitando também o mau cheiro e até mesmo larvas e vermes astrais, contaminando o seu Assentamento, atraídos pelo mau cheiro e pelo excesso de axorô que com certeza apodrecera no seu Assentamento depois da levantação.

Por isso na hora do corte devemos deixar cair o mínimo suficiente de axorô no Assentamento, e o restante nas outras vasilhas que servirão de prato e serão levantadas e despachadas com três ou quatro dias, sobre a terra ou até mesmo enterrada. Evitando assim qualquer transtorno aqui na terra ou no astral, material ou espiritual. Assim o seu Assentamento estará sempre higienizado, e com certeza lhe atrairá bastantes coisas boas e importantes para sua vida.

A imagem de gesso da Pomba Gira que acompanha o seu Assentamento até esse momento (se for o caso), você não só pode como deve trocá-la nesse momento por um Ocutá da Pomba Gira, Mineral da Pomba Gira ou por uma imagem da Pomba Gira ou vulto confeccionado de ferro, cobre ou bronze.

Trocar a imagem de gesso da Pomba Gira não significa despachá-la ou se desfazer dela. Você pode deixá-la junto ao lado do Assentamento ou em algum lugar qualquer dentro da casa da Pomba Gira. Caso a imagem esteja muito feia (detenhorada) pelo tempo e você desejar despachar ou até mesmo trocar por outra não tem problema algum. Apenas despache num lugar adequado a Pomba Gira.

Material necessário:

- Uma cabrita, leitoa ou vaca nova com os pés e boca lavados (limpo)
- Uma galinha com os pés e o bico lavados (Limpo)
- Um Ocutá da Pomba Gira, Mineral da Pomba Gira ou vulto feminino confeccionado de ferro, cobre, bronze ou madeira
- Mel
- Óleo de dendê
- Um pires
- Perfume
- Uma vasilha pequena contendo a metade de água
- Dois pratos fundos qualquer cor
- Duas moedas qualquer valor
- Um alguidar ou bacia grande
- Duas fatias de pão
- Uma travessa que caiba a cabeça, pés e as tetas da cabrita
- Duas toalhas ou plásticos para improvisar as mesas

Assentamentos

Se você chegou até aqui e resolveu dar mais esse passo importantíssimo para você e sua Pomba Gira. Com certeza você já tem seu Assentamento feito anteriormente com ervas e aves comuns, ou aves consideradas meio quatro pés.

Como foi dito anteriormente esses animais considerados meio quatro pés e animais de quatro pés possuem uma maior quantidade de sangue (axorô, menga), portanto para oferecermos um quatro pés no Assentamento da Pomba Gira, alem de termos o Maximo de cuidado possível para não jorrar muito axorô fora do Assentamento e das vasilhas, devemos também ter muita responsabilidade, confiança e firmeza na hora do corte, para que tenhamos sucesso absoluto na parte material e espiritual.

E todo o axorô que jorrar (cair), fora das vasilhas, na casa da Pomba Gira, no chão e até mesmo na toalha improvisada, após o corte deve ser limpo imediatamente. Podendo usar um pano úmido.

Quero lembrar que a ave (ou aves) que acompanha a cabrita na hora do corte, deve ser cortada depois da cabrita. E o ritual de corte e a preparação referente á ave usada, é todo igual ao Assentamento feito com a mesma ave. Independente da ave, (pomba, galinha, peru-fêmea e angolista-fêmea).

Estamos no ponto em que depois colocamos um pouco de óleo de dendê e um pouco de mel por cima do Assentamento, depois dele estar pronto e estar devidamente montado pela feitura anterior, (com aves).

Próximo passo:

1. Após colocarmos um pouco de óleo de dendê e o mel por cima do Assentamento, depois do restante do material ter sido imantado com banha do ori, óleo de dendê, e mel. Coloque a panela ou alguidar do Assentamento na frente da porta da

casa da Pomba Gira, no chão, improvisando uma mesa com uma toalha ou plástico, do lado, o alguidar ou bacia grande que ira receber a maior parte do axorô, devidamente imantado com óleo de dendê e mel e com uma moeda e uma fatia de pão dentro. Também ao lado o prato também imantado com óleo de dendê e mel. Dentro uma moeda, uma fatia de pão, quartinha, guia, e a sineta. Pegue a sineta e bata saudando a Pomba Gira, pedindo tudo de bom para você e para as pessoas que estão presente. E coloque novamente no prato.

2. Pegue uma colher grande e coloque um pouco de mel dentro da boca da cabrita.

3. Pesa para as pessoas escolhidas que segurem a cabrita (homem ou mulher, em média quatro pessoas).

4. Devendo essas pessoas segurar a cabrita do seguinte modo. Uma das pessoas segura com uma mão á boca fechada da cabrita e com a outra mão segura uma das guampas, outra pessoa segura os pés (patas) dianteiras, outra segura o meio do corpo e a outra segura os pés (patas) traseiras.

5. A cabrita deve ficar na posição com os pés, o peito e barriga, virados para frente ou, seja mais ou menos de frente para a casa da Pomba Gira, a cabeça para baixo em direção ao assentamento e seus utensílios, os pés traseiros para cima e as costas da cabrita deve ficar mais ou menos virada para as pessoas que estão segurando a mesma.

6. A pessoa que for realizar o ritual (corte) deve pegar o obé (faca) da Pomba Gira e passar um pouco de mel na lamina da mesma, e após erguê-la em direção as pessoas presentes e pedir "Agô" (licença), elas devem responder "Agoiê" (licença concedida).

7. Neste momento a pessoa que for realizar o corte, entra no meio das pessoas que estão segurando a cabeça e os pés dianteiros

da cabrita, pega a cabeça da cabrita com uma mão, e leva em direção ao alguidar ou bacia grande preparado para tal fim (imantada, e com uma moeda e fatia de pão dentro). E com a outra segurando o obé (faca), bem firme, deve introduzir a mesma no pescoço da cabrita bem próximo a cabeça sangrando-a. (não é para degolar, nem cortar o couro do pescoço, espete o obé cravando entre o pescoço e o couro até sangrar)

8. Após introduzir o obé force-á um pouco até o axorô, (sangue) começar a jorrar.

9. Enquanto isso acontece procure não mexer muito o obé, e volte a mexer e forçá-la somente quando parar de jorrar axorô, assim terá um melhor aproveitamento.

10. Deixe o axorô cair por cima do alguidar ou bacia grande, do prato com os utensílios pertencente ao assentamento (quartinha, guia, sineta etc.) não muito, e também por cima do Assentamento (não muito).

11. Tenha muito cuidado em dividir o axorô que está jorrando, para que caia em torno de mais ou menos 80% no alguidar ou bacia grande, e mais ou menos 20% dividido entre o prato com os utensílios e o Assentamento. Procure circular para que o axorô não caia no mesmo lugar nas vasilhas, e sim em cima de tudo. O mesmo vale para a galinha.

12. Veja bem, tem que ser rápido e firme, pois a cabrita não pode sofrer nem berrar em hipótese alguma, sobe pena de ter que repetir todo o ritual.

13. Após terminar de jorrar o axorô, você devera forçar o obé fazendo toda a volta do pescoço até cortar totalmente a carne do pescoço sem destacá-lo deixando a cabeça ainda presa na junta do osso, que após você devera terminar de arrancá-la usando as mãos, girando a cabeça até destacá-la.

Evandro Mendonça

155

14. Feito isso coloque a cabeça da cabrita numa travessa com a parte do corte para baixo.

15. Pegue a cabrita e lave a ponta do pescoço na vasilha com água que deve estar do lado do assentamento, em cima da mesa improvisada, e coloque a cabrita em cima de outra mesa improvisada com uma toalha ou plástico, com os pés virados para dentro do pátio (terreno).

16. A seguir com uma faca de cozinha, destaque os quatro pés (patas) na junta e coloque na travessa que esta a cabeça. Ficando assim: Os dois pés dianteiros, um de cada lado da cabeça um pouquinho para frente, os dois pés traseiros, um de cada lado da cabeça ficando um pouquinho para traz. Podendo ficar por cima ou do lado dos pés dianteiros. Destaque (corte) as tetas, e coloque atrás da cabeça, e reserve a travessa num lado até a hora de colocar dentro da casa da Pomba Gira. (esse item 16 pode ser feito por outra pessoa).

17. Pesa a alguém que segure a galinha (homem ou mulher), e com uma colher pequena coloque um pouco de mel dentro do bico (boca).

18. Devendo essa pessoa segurar a galinha do jeito que uma das suas mãos entre por baixo das asas segurando as duas juntas. (a palma da mão deve ficar virada para as asas) e a outra mão segure os pés juntos.

19. A galinha deve ficar na posição, com o peito virado para frente, ou seja, de frente para o alguidar ou bacia, prato com os utensílios, panela ou alguidar do assentamento, e as costas da galinha deve ficar virada para a pessoa, ou seja, as costas de frente para a pessoa que esta segurando a galinha.

20. Então a pessoa que esta realizando o corte, pega a cabeça da galinha com uma mão, e leva em direção ao alguidar ou bacia, prato com os utensílios e Assentamento. E com a outra segurando o obé (faca) deve introduzir a mesma no pescoço da galinha bem próximo a cabeça sangrando a. (não é para degolar, nem cortar o couro do pescoço, espete o obé cravando entre o pescoço e o couro até sangrar).

21. Após introduzir o obé force-á um pouco até o axorô, (sangue) começar a jorrar.

22. Enquanto isso acontece procure não mexer muito o obé, e volte a mexer e forçá-la somente quando parar de jorrar o axorô, (sangue) assim terá um melhor aproveitamento. Deixe o axorô cair por cima das três vasilhas (alguidar ou bacia, prato, assentamento).

23. Tenha também o cuidado de dividir o axorô que esta jorrando na proporção citada anteriormente, entre o alguidar ou bacia, prato e Assentamento, e procure circular para que não caia no mesmo lugar nas vasilhas, e sim em cima de tudo.

24. Veja bem, tem que ser rápido e firme, pois a galinha não pode sofrer nem bater asas em hipótese alguma, sobe pena de ter que repetir todo o ritual.

25. Após terminar de jorrar o axorô, você devera forçar o obé até romper totalmente o osso do pescoço sem destacá-lo total-mente deixando a cabeça ainda presa em uma parte do couro que após você devera terminar de arrancar usando as mãos.

26. Feito isso coloque a cabeça da galinha no alguidar ou panela do Assentamento, bem na frente, que fique de frente para a porta da casa da Pomba Gira, depois de colocado o assentamento dentro da casa.

27. Pegue a galinha e lave o pescoço na vasilha com água que deve estar do lado do assentamento, em cima da mesa improvisada, onde foi lavado o pescoço da cabrita. E coloque em cima da ou-tra mesa improvisada junto com a cabrita, com os pés virados

para dentro do pátio (terreno). Cuidado fique segurando a galinha para não bater asa.

28. A seguir, com cuidado para não bater asa, destaque sete penas de cada asa da galinha e coloque sete em cada lado, uma do lado da outra, na beira da panela ou alguidar do assentamento, cravando-as o mínimo possível, somente para ficar em pé.

29. Depois destaque três penas da cola e crave o mínimo possível na parte de trás da beira da panela ou alguidar do Assentamento.

30. Após, pegue a faca de cozinha e destaque (cortar) as pernas na junta, e coloque-as na frente do assentamento, uma de cada lado da cabeça da galinha, deitadas com a parte que foi destacada (junta) para dentro e os pés para frente, um pouco para fora da panela ou alguidar do Assentamento, com a palma dos pés para baixo. Após deixe o obé da Pomba Gira cravada em pé dentro da casa com o fio virado para rua.

31. Destaque com as mãos algumas penas do peito da galinha (não muito) e espalhe em cima do assentamento. Ficando assim: dos lados as penas das asas, na frente á cabeça e os pés um de cada lado da cabeça, atrás as penas da cola. É como se você estivesse montando a galinha, pois o corpo é o assentamento. Coloque também algumas penas do peito (não muito) em cima do prato com os utensílios, e em cima do alguidar ou bacia grande que recebeu a maior parte do axorô.

32. Agora com muito cuidado para não virar nada, pegue a panela ou alguidar do assentamento e coloque no seu devido lugar dentro da casa da Pomba Gira. Coloque também o prato com os utensílios, alguidar com o axorô, Ecó, frutas e oferendas se tiver, tudo no assoalho na frente do Assentamento. Pulverize um pouco de perfume por cima de tudo, feche a porta da casa da Pomba Gira e está pronto.

33. Após, despache a água da vasilha que foi usada para lavar o pescoço da cabrita e da galinha, na frente de sua casa, do lado de fora do portão (rua).

Obs.: Sempre que estiver manuseando a cabrita e a galinha para tirar as penas e pernas, ou se elas estiverem em cima da mesa improvisada esperando para tal fim, não deixe nunca a galinha e a cabrita com os pés virados para a rua e sim para dentro do pátio. E quando você for oferecer mais de uma galinha juntas para a Pomba Gira no seu assentamento, ao invés de tirar sete penas de cada asa, você tirará somente sete penas de uma asa de cada galinha, independente de quantas forem, o restante do ritual segue tudo igual e não se esqueça de lavar os pés e o bico da galinha e da cabrita antes do ritual.

34. Para finalizarmos essa primeira etapa, recolha as mesas improvisadas e tudo que ainda estiver na frente da casa da Pomba Gira levando a galinha, direto para a cozinha, e a cabrita deve ser pendurada para ser coreada e desmontada em partes (paleta, quarto, costela e espinhaço) por alguém que saiba.

35. Retire também os miúdos da cabrita considerados partes importantes do organismo do animal (coração, fígado, rins), que deve ser assados ou cozidos com bastante tempero e colocados num prato dento da casa da Pomba Gira. Podendo colocar junto no mesmo prato as inhalas da galinha (ponta das asas, pescoço, coração etc.).

36. Tanto a galinha quanto a carne da cabrita pode ser assada e distribuída em pedaços pequenos para as pessoas comerem no dia do corte, da festa ou gira comum se tiver, caso contrario consuma em casa normalmente. Em qualquer hipótese não se esqueça de colocar um pedaço para a Pomba Gira.

37. O couro pode ser tratado para usar em tambor ou como enfeite. As vísceras (buchadas, tripas, pulmões, etc.), podem ser enterradas no fundo do pátio (terreno), mato ou encruzilhada. O mesmo vale para a galinha.

38. Seguindo em frente, depene a galinha com água quente após, sapeque no fogo para queimar algumas penas e plumas novas que ainda ficaram. Lave a galinha e vamos abri-la.

39. Pegue uma faca de cozinha bem afiada e uma tabua de cortar carne, corte a ponta do pescoço e as pontas das duas asas da galinha e reserve-as.

40. Risque o couro, cortando no sentido horizontal acima do peito, próximo ao pescoço da galinha, e tire a goela e o papo da mesma, puxando-os com os dedos e cortando rente o peito.

41. Abra a galinha com a ponta da faca riscando o couro do peito para baixo, no sentido vertical.

42. Introduza os dedos das mãos com cuidado e vá tirando todas as vísceras da galinha, devagar com muito cuidado.

43. Separe e coloque junto com a ponta do pescoço e as pontas das asas, o coração, o fígado, moela devidamente aberta e limpa, ovos se tiver.

44. As penas da galinha juntamente com as vísceras (buchadas, tripas, pulmões, etc.) podem ser enterradas no fundo do pátio (terreno), mato ou encruzilhada. O mesmo vale para a cabrita.

45. Quanto á galinha, depois de lavada novamente, tempere com óleo de dendê e tempero a gosto inclusive pimenta e coloque para assar no forno do fogão (cuidado para não assar demais).

46. Quanto às vísceras: ponta do pescoço, ponta das asas, coração, fígado, moela, ovos se tiver, esses devem ser colocados numa frigideira e acrescentar umas gotas de óleo dendê, leve ao fogo baixo e frite-os, mexendo sem parar com uma colher de madeira e deixando-os mal passados.

47. Após esfriar, coloque as vísceras no pires assim: coração, fígado e moela no meio, a ponta de uma asa de cada lado e o pescoço na frente, ovos se tiver atrás. Coloque a galinha assada se você optou por assá-la, no prato fundo com o peito para baixo,

48. Pegue o pires e o prato se for o caso, e coloque dentro da casa da Pomba Gira com os pescoços de frente para a porta da casa da Pomba Gira, saudando-a novamente.

49. Se preferir pode colocar as vísceras (inhalas) da galinha junto no prato com os miúdos da cabrita.

50. Deixe tudo na casa da Pomba Gira por quatro dias com velas acesa, indo todos os dias, nas primeiras horas da manhã ou no final do dia, ou a noite se preferir fazer uma chamada a Pomba Gira (sem sineta) pedindo tudo de bom para você e sua família.

Obs.: se você preferir após lavar a galinha você pode desmontá-la em partes pequenas, temperar a seu gosto inclusive com pimenta, e assá-la. Ou cozinhar na panela de pressão e enfarofar a seu gosto, ou servir no prato cozido sem enfarofar junto com um pirão feito com farinha de mandioca, (sirva o pirão, caldo, galinha). Podendo servir junto pedaços da carne da cabrita assada ou frita.

Antes sirva um pedaço a Pomba Gira no assentamento (frio ou morno), e depois as pessoas que participaram do ritual de assentamento da Pomba Gira.

Sirva num prato, porem as pessoas devem comer com as mãos, sem talher, e em pé.

As pessoas devem pegar o prato somente na primeira servida e mostrar as pessoas ali presentes, de uma vez só para todos e pedir agô, eles devem responder todos juntos agoiê.

E após podem comer podendo até ser acompanhado com uma bebida alcoólica, ex: cerveja, vinho etc. sem excesso.

No final junte os ossos e as sobras e de para um animal comer ou despache no cruzeiro ou enterre no seu pátio (terreno).

Se houver festa ou gira comum deixe tudo para servir as pessoas presentes, podendo servir e comerem sem cerimônia alguma.

Levantação

O processo de levantação do assentamento, ou do reforço do assentamento da Pomba Gira, usando animais de quatro pés (cabrita, leitoa, vaca nova), é quase todo igual do começo ao fim do item 1 ao 9 citados anteriormente na levantação da feitura do assentamento usados como exemplo aves comuns (pomba, galinha).

Devido a esses animais possuírem maior quantidade de sangue (axorô,menga) o que você pode mudar não obrigatoriamente é:

Se estiver muito calor você pode levantar a obrigação com três dias, embora o certo seja quatro dias, evitando assim que a mesma estrague na frente da Pomba Gira, além de evitar também o mau cheiro devido ao calor e até mesmo os vermes e larvas astrais contaminando o seu assentamento. O resto segue tudo igual com alguns acréscimos (cabeça, pés, tetas, miúdos), referente á cabrita.

No final do quarto dia, bem á tardinha ou a noite se preferir, vá á casa da Pomba Gira com uma bacia grande.

1. Coloque dentro da bacia a galinha assada se você optou por assar, a cabeça da cabrita (antes tire as guampas), as patas, tetas, as vísceras, as oferendas (milho, pipoca) sem as vasilhas, as penas todas sem deixar nenhuma, a cabeça da galinha, os pés, tudo isso você deve ir recolhendo devagar e aos poucos, com cuidado, sem levantar, mexer, arredar ou limpar a panela ou alguidar de assentamento. Tire a quartinha, guia, sineta do prato e vire o que restou na bacia, vire também o axorô que esta no alguidar ou bacia se for o caso.

2. Após, pegue algumas frutas, menos banana e pique-as com uma faca de cozinha como se fosse para uma salada de frutas com cascas, e coloque por cima de tudo na bacia.

3. Coloque óleo de dendê, mel e perfume por cima de tudo, se tiver alguns cravos vermelhos ou rosas vermelhas, destaque as pétalas e coloque por cima de tudo. (Esse último não é obrigatório).

4. Limpe com um pano molhado a quartinha, guia, sineta, e coloque nos seus lugares (quartinha com água), bata a sineta, fazendo sempre pedidos de coisas boas, feche a casa da Pomba Gira, mantendo por sete dias uma vela acesa.

5. Pegue a bacia com toda a obrigação e leve para uma encruzilhada afastada da cidade ou de residências, chegando lá escolha o local, forre o chão com folha de mamona ou papel de seda nas cores da Pomba Gira e vire tudo em cima.

6. Deixe uma vela agora branca e comum acesa do lado para clarear a obrigação. Volte para casa e está tudo encerado.

7. Se preferir, leve tudo para o mato ou praia, faça um buraco, forre e enterre tudo, forrando embaixo e em cima para colocar a terra por cima de tudo, deixe a vela branca acesa em cima.

8. E também se você mora em casa própria e quiser usar, plantar a primeira obrigação de quatro pés feita a Pomba Gira como segurança de sua casa, é ótimo, faça um buraco no lado da casa da Pomba Gira ou atrás, na frente ou no fundo do pátio (terreno) de sua casa, forre com folha de mamoneiro ou papel de seda, coloque o conteúdo da bacia (vire no buraco), forre novamente em cima e cubra com a terra por cima de tudo. Tape bem o buraco, se tiver animais em casa, como cachorro, coloque uma tabua ou lata em cima de tudo para evitar que o animal destape-o.

9. E assim está terminada a obrigação de quatro pés a Pomba Gira. Daqui para frente é só cuidá-la, trabalhar e viver a vida com mais saúde, tranquilidade e segurança ao lado do seu assentamento (Ponto de Força) agora com quatro pés.

Reforço do Assentamento da Pomba-Gira com Animais de quatro Pés

A cada quatro anos você deve reforçar o seu assentamento, (ponto de força), feito com animais de quatro pés, (cabrita, leitoa, vaca nova).

O reforço com quaisquer tipos desses animais é tudo igual, independente dos animais, e o processo do reforço é igual ao assentamento com quaisquer tipos desses animais como foi ensinado anteriormente, o que pode mudar é você usar mais de uma ave, e mesmo assim o processo será o mesmo.

Então, sempre que você for reforçar seu assentamento, repita todo o processo igual de quando você o assentou com os mesmos animais pela primeira vez.

Obs.: O reforço do assentamento com animais de quatro pés é obrigatório sob pena de perder a imantação que tem uma duração de mais ou menos quatro anos. A partir daí, o assentamento corre o risco de enfraquecer e até mesmo perder o valor.

Esclarecimento

1. O assentamento da Pomba Gira depois de feito pela primeira vez, em futuros cortes independente das aves ou animais de quatro pés não se mexe mais nas ponteiras, vara de marmelo ou Cambuí, tridente, corrente, chave, cabala etc. A não ser que seja para acrescentar alguns desses itens.

2. Apenas se limpa o Assentamento, a imagem ou o ocutá se for o caso com um pano úmido, imanta-se a imagem ou ocutá como foi ensinado anteriormente e coloca-se um pouco de mel e óleo de dendê por cima dos mesmos e esta pronto para receber o Axorô.

3. Só faça o plantio embaixo da casa da Pomba Gira se o imóvel for seu, caso contrario, eu sugiro que não. E o batizado seja feito depois de todo o Assentamento pronto dentro da casa da Pomba Gira.

4. Se você optar pela pomba para acompanhar o quatro pés, não esqueça use as mãos para sacrificá-la.

5. Quando você for sacrificar uma ave ou qualquer outro animal usando o obé (faca). Não se degola totalmente com o obé. Após sangrar e jorrar o axorô rompa o osso do pescoço da ave com o obé e termine de destacar a cabeça com as mãos. No caso de aves é só puxar, no caso de animais de quatro pés, após sangrar faça a volta do pescoço com o obé cortando a carne do pescoço e deixando preso no osso. Após você deve torcer (girar) até destacar a cabeça. E o obé Da Pomba Gira deve estar bem afiada para o animal não sofrer.

6. Na hora da levantação, você deve tirar as guampas da cabrita (apenas o casco) puxando bem forte, lavá-las e colocá-las junto no Assentamento. Se não conseguir puxando, ai sim você pode cerrar com tudo próximo a cabeça.

7. A obrigação deve ser levantada no dia certo, porem se estiver muito calor e cheirando forte, você pode levantar um dia antes independente do animal sacrificado.

8. Na hora do corte, encima da mesa improvisada antes de colocar a vasilha com o Assentamento e demais materiais que receberão o axorô você pode (forrar) a mesa, colocar algumas

folhas de jornal para que absorva alguns respingos de axorô. Após o corte é só juntar as folhas e colocá-las fora.

9. Independente da data da feitura ou reforço do Assentamento. Você pode cortar no mesmo, sempre que achar necessário. Porem o corte não será no Assentamento e sim numa vasilha, alguidar ou prato com uma moeda e uma fatia de pão dentro ou se preferir numa bandeja com uma oferenda bem bonita. (depois de três dias despache numa encruzilhada). Pode assar a galinha para a Pomba Gira ou se preferir consumi-la em casa normalmente sem problema algum, colocando sempre o primeiro pedaço para a Pomba Gira. Independente do corte ser no prato ou numa oferenda, os pés, cabeça e penas ficam junto na mesma vasilha montados como foi ensinado anteriormente. O mesmo vale para animais de quatro pés. As inhalas devem ser feitas normalmente.

10. Sempre que você for usar uma vasilha qualquer, alguidar ou prato com uma moeda e uma fatia de pão para receber o axorô, o mesmo deve ser bem imantado (engraxado) por dentro com óleo de dendê e mel.

11. Mais ou menos uma vez por mês você pode virar uma dose de uma bebida alcoólica pertencente á Pomba Gira no seu Assentamento (não muito). E junto um pouco de óleo de dendê e um pouco menos de mel. Isso ajudara a manter a imantação do seu Assentamento.

12. Depois do, seu Assentamento receber a feitura com as aves (peru, angolista). No ano seguinte ou no próximo reforço (dois anos), você pode voltar a oferecer aves comuns. Depois do mesmo receber a feitura com animais de quatro pés (cabrita, leitoa, vaca nova). Nos anos seguintes ou no próximo reforço (quatro anos) você pode voltar a oferecer aves (pomba, galinha, peru ou angolista-fêmea). Sem problema algum.

13. Após a feitura do seu Assentamento com aves consideradas meio quatro pés e animais de quatro pés, não significa que no reforço seguinte tenha que ser com os mesmos animais. Você pode cortar uma única vez peru ou angolista que vai valer pela feitura e nos anos seguintes cortar somente aves comuns. Podendo voltar ás mesmas aves a qualquer momento que desejar. Isso também vale para os animais de quatro pés que depois do Assentamento receber a feitura com os mesmos já consideramos um Assentamento pronto. Podendo voltar a oferecer qualquer tipo de aves ou animais de quatro pés no momento que desejar.

14. Vamos resumir para que fique bem claro: Posso fazer e cultuar meu Assentamento só com ervas. Posso fazer e cultuar meu Assentamento só com aves comuns. Posso fazer meu Assentamento com peru ou angolista-fêmea uma única vez e cultuar no futuro somente com aves comuns. Posso fazer com animais de quatro pés uma única vez e cultuar no futuro só com aves comuns. Ou seja, posso intercalar qualquer tipo de aves ou animais de quatro pés no Assentamento, cuidando sempre a validade da imantação para novos reforços, ou se preferir pode reforçá-lo todos os anos independentes do animal sacrificado anteriormente ou a sacrificar no momento.

15. O Assentamento da Pomba Gira depois de feito com animais de quatro pés é considerado um Assentamento pronto. Caso você queira fazer o reforço com os mesmos. O prazo é de quatro em quatro anos, porem se você efetuou outros cortes de aves comuns para a Pomba Gira durante esses quatro anos, o prazo pode ser de sete anos. (caso contrario) continue com aves.

16. Se você preferir não precisa assar a galinha inteira para colocar na casa da Pomba Gira, nem assá-la ou cozinhá-la desmontada para servir as pessoas. Pode guardá-la para ser consumida pelas pessoas da casa no outro dia ou nos dias seguinte normalmente sem problema algum. Só não se esqueça de tirar e colocar o primeiro pedaço para a Pomba Gira. O mesmo vale para o quatro pés caso não haja festa.

17. As inhalas (ponta do pescoço, ponta das asas, coração, fígado, moela, ovos se tiver), parte importante do organismo do animal, essas sim são obrigatório, fazer e oferecer a Pomba Gira no seu Assentamento.

18. O couro da cabrita se for o caso, você pode secá-lo e usá-lo em tambor. Pode depois de seco lavá-lo, recortar os excessos (pontas) e usar como enfeite na casa, carro ou no terreiro.

19. Na hora do ritual de corte a cabrita ou qualquer tipo de aves, não podem estar atados ou usar corda de forma alguma.

20. Todos esses Assentamentos, Reforços e Levantação contidos nesta obra, podem ser acrescentados algo a mais, mudar o jeito ou alguma ordem a seu critério ou a critério da sua entidade desde que não mude o sentido e fundamento do mesmo.

Apresentei aqui o que poderia ser apresentado!

Saravá Umbanda

Saravá Linha de esquerda

Laroiê Pomba-Gira Maria Padilha

Mensagem da Pomba-Gira Maria Padilha

Sou a Pomba Gira Maria Padilha, um espírito de muita força e muita luz. Uma guardiã dos sentimentos humanos, trabalho atuando sempre no ponto de equilíbrio e desequilíbrio do ser humano, Fazendo com que tenham mais fé, amor, esperança de dias melhores.

Tento fazê-los acreditarem em si mesmos e no ser especial que vocês são.

Quero dizer que cada um deve procurar a sua luz e que ela tem que ser maior que o seu orgulho, ódio, inveja, ganância e rancor.

Vocês têm o livre arbítrio para fazer suas escolhas, porém não esqueçam que a semeadura é livre, mas a colheita e obrigatória.

Então antes de fazer suas escolhas, pense bem, pense no futuro, na vida, no amor, no carinho, na amizade, nos seus irmãos etc.

Porque os caminhos de vocês podem ser muito longos e às vezes bastante espinhosos para se prosseguir sozinho.

E para ajudar um pouco mais vocês nessa trajetória, deixo alguns assentamentos básicos de Pombas Giras, inspirados por mim a essa matéria que estou ocupando nesse plano, que para mim, para minha evolução, para a evolução dela e para a evolução de alguns espíritos e pessoas neste plano terrestre, ela está sendo indispensável.

Espero que vocês possam fazê-los com muita fé, confiança e firmeza, procurando buscar sempre o melhor caminho para si e para os seus irmãos encarnados nesse plano terrestre.

Até uma próxima oportunidade.

Bons-dias e boas-noites a todos vocês!

Pomba Gira Maria Padilha.

Recomendações finais

- Não faça nenhum ritual de banhos, defumações ou oferendas quando estiver em período menstrual.
- Não faça nenhum ritual de banhos, defumações ou oferendas quando tiver ingerido bebida alcoólica.
- Evite relações sexuais pelo menos 24h antes da realização de qualquer ritual.
- Não faça nenhum ritual de banhos, defumações e oferendas após ter ido ao cemitério ou velório, salvo se você se descarregar depois.
- Não faça nenhum ritual se estiver nervoso, agitado ou até mesmo se tiver discutido com alguém.
- Procure não fazer nenhum ritual usando roupa preta, salvo se for para Pomba Gira.
- Sempre que fizer um ritual na praia, rio, mata, cachoeira, cemitério, encruzilhada, saúde as Entidades que ali residem e peça licença para realizar o ritual a uma determinada Entidade. Caso você não saiba o nome das Entidades que ali residem, saúde assim: "Salve Umbanda, Salve Linha de esquerda, Salve Povo da Mata, Salve Povo da Rua, Salve Povo do Cemitério, Salve da Praia, Salve os Preto-Velhos etc."

- Sempre que saudar uma Entidade que saiba o nome use a palavra "Salve" antes do nome da Entidade. Ex: Salve Iemanjá, Salve Exu tranca-rua, Salve o Preto-Velho Pai João, Salve Cosme e Damião etc.
- Todo tratamento espiritual não exime o paciente em caso de doença que necessite de ajuda médica. Se estiver sob cuidados continue.

Outras publicações

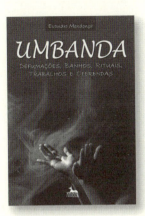

UMBANDA – DEFUMAÇÕES, BANHOS, RITUAIS, TRABALHOS E OFERENDAS

Evandro Mendonça

Rica em detalhes, a obra oferece ao leitor as minúcias da prática dos rituais, dos trabalhos e das oferendas que podem mudar definitivamente a vida de cada um de nós. Oferece também os segredos da defumação assim como os da prática de banhos. Uma obra fundamental para o umbandista e para qualquer leitor que se interesse pelo universo do sagrado. Um livro necessário e essencialmente sério, escrito com fé, amor e dedicação.

ISBN: 978-85-86453-22-9
Formato: 16 x 23 cm – 208 páginas
Papel: off set 75 grs

PRETO-VELHO E SEUS ENCANTOS

Evandro Mendonça inspirado pelo Africano São Cipriano

Os Pretos-Velhos têm origens africana, ou seja: nos negros escravos contrabandeados para o Brasil, que são hoje espíritos que compõe as linhas Africanas e linhas das Almas na Umbanda.

São almas desencarnadas de negros que foram trazidos para o Brasil como escravos, e batizados na igreja católica com um nome brasileiro. Hoje incorporaram nos seus médiuns com a intenção de ajudar as almas das pessoas ainda encarnadas na terra.

A obra aqui apresentada oferece ao leitor preces, benzimentos e simpatias que oferecidas aos Pretos-Velhos sempre darão um resultado positivo e satisfatório.

ISBN: 978-85-86453-26-7
Formato: 16 x 23 – 176 páginas
Papel: off set 75 grs

Outras publicações

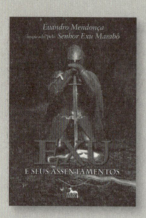

EXU E SEUS ASSENTAMENTOS

Evandro Mendonça inspirado pelo Senhor Exu Marabo

Todos nós temos o nosso Exu individual. É ele quem executa as tarefas do nosso Orixá, abrindo e fechando tudo. É uma energia vital que não morre nunca, e ao ser potencializado aqui na Terra com Assentamentos (ponto de força), passa a dirigir todos os caminhos de cada um de nós, procurando sempre destrancar e abrir o que estive fechado ou trancado.

ISBN: 978-85-86453-23-6
Formato: 16 x 23 – 176 páginas
Papel: off set 75 grs

EXU, POMBA-GIRA E SEUS AXÉS

Evandro Mendonça inspirado pelo Sr. Exu Marabô e pela Sra. Pomba-Gira Maria Padilha

A obra apresenta as liberações dos axés de Exus e de Pombas-Giras de modo surpreendente, condensado e extremamente útil. É um trabalho direcionado a qualquer pessoa que se interesse pelo universo apresentado, no entanto, é de extrema importância àquelas pessoas que tenham interesse em evoluir em suas residências, em seus terreiros, nas suas vidas.

E o que são esses axés? "Axé" é força, luz, poder espiritual, (tudo o que está relacionado com a sagrada religião), objetos, pontos cantados e riscados, limpezas espirituais etc. São os poderes ligados às Entidades.

ISBN: 978-85-86453-27-4
Formato: 14 x 21 – 192 páginas
Papel: off set 75 grs

ILÊ AXÉ UMBANDA

Evandro Mendonça ditado pelo Caboclo Ogum da Lua

Filhos de Umbanda e meus irmãos em espíritos, como o tempo e o espaço são curtos, vou tentar resumir um pouco de cada assunto dos vários que eu gostaria muito de falar, independentemente da religião de cada um. Não são palavras bonitas e talves nem bem colocadas na ordem certa desta descrita, mas são palavras verdadeiras, que esse humilde Caboclo, portador de muita luz, gostaria de deixar para todos vocês, que estão nesse plano em busca da perfeição do espírito, refletirem.

ISBN: 978-85-86453-30-4
Formato: 16 x 23 – 136 páginas
Papel: off set 75 grs

A MAGIA DE SÃO COSME E SÃO DAMIÃO

Evandro Mendonça

Algumas lendas, histórias e relatos contam que São Cosme e São Damião passavam dias e noites dedicados a cura tanto de pessoas como animais sem nada cobrar, por esse motivo foram sincretizados como "santos dos pobres" e também considerados padroeiros dos médicos.

Não esquecendo também seu irmão mais novo chamado Doúm, que junto fez parte de todas as suas trajetórias.

A obra oferece ao leitor algumas preces, simpatias, crenças, banhos e muitas outras curiosidades de São Cosme e São Damião.

ISBN: 978-85-86453-25-0
Formato: 14 x 21 cm – 136 páginas
Papel: off set 75 grs

Dúvidas, sugestões e esclarecimentos
E-mail: evandrorosul@bol.com.br